オールカラー

一番わかる！
経理の教科書

ジャスネットコミュニケーションズ株式会社

西東社

「経理」を始める方へ

　本書を、今すぐ経理の知識を身に付けたいと切望する、経理未経験者の方々にお届けいたします。経理知識を身に付けたくて簿記3級のテキストをぱらぱら読んでみた。仕訳、勘定科目、決算書が作られるまでの流れはなんとなくつかめたけど、簿記と経理実務の違いがよくわからない…。本書には、そんな悩みを解決するヒントがつまっています。

　私たちジャスネットコミュニケーションズでは、創業来20年、のべ2万人を超える経理パーソンのキャリアに向き合ってきました。なかでも「経理実務の学校」（https://edu.jusnet.co.jp/）では、簿記と経理実務の差を埋めるための教育教材を提供しています。

　本書は、そのノウハウを活かし、実務でイメージしやすいように証票書類や申請書類のサンプルを多く使いました。また、初学者が安心して経理処理ができることが重要であると考え、各業務内容に、毎日・適宜・毎月・毎年など、その処理の時期がわかるような工夫もしています。

　まず1章と2章では、経理という仕事のイメージをつかみ、続く3章からは「現預金」「経費」「売上・仕入」など、業務ごとに章を分けてくわしく見ていきます。日常の業務から毎月（月次）の処理ときて、9章では経理の仕事の集大成である「年次決算」について解説します。そして最後の10章ではこれから経理を目指す方々へのささやかなアドバイスをお話ししています。

　このほかにも、経理用語集なども掲載しております。このように本書は、経理の実務ですぐに使える内容が盛りだくさんの一冊です。

　私たちの経験からいえることは、「経理がわかれば人生が豊かになる」ということです。そして、その魅力に気づくきっかけになるのがこの本です。

　本書をお読みいただくことで、一人でも多くの経理で活躍を目指す方々にとってキャリアの参考となれば幸甚です。

ジャスネットコミュニケーションズ株式会社

安島洋平　中村 陽　山野由香利

CONTENTS

本書の使い方 8

第1章 経理を始めるための基礎知識　9〜22

経理の仕事は会社の活動を数字で表すこと 10

会社の規模によって仕事の範囲は異なる 12

1日、1カ月、1年で経理の仕事を整理する 14

お金が動くたびに伝票を作り、帳簿にまとめる 18

手書き伝票作成時の基本ルール 20

会社で使う印鑑の種類とその使い分け 22

第2章 仕訳を制する者が簿記を制する　23〜43

経理の必須スキル「簿記」を知る 24

簿記では機械の廃棄も「取引」にカウントする 26

複式簿記は1つの取引を2つの面から記録する 28

取引は勘定科目で分類される① 貸借対照表の勘定科目 30

取引は勘定科目で分類される② 損益計算書の勘定科目 34

仕訳とはルールに沿って取引を左右に振り分けること 38

会社の業務の流れと簿記の関係を理解する 42

3

第3章 毎日行う現金と預金の管理を覚える　45〜66

- お金の動きを伝票で記録・管理する方法 …………… 46
- 振替伝票を使った複合仕訳が便利 …………… 50
- 小口現金の管理で経理の基礎を身に付ける …………… 52
- 小口現金出納帳への記帳と現金実査は必須事項 …………… 54
- 預金の種類と管理の基本を覚える …………… 56
- 預金残高を確認し預金出納帳と照合する …………… 58
- 小切手の取り扱い方法と仕訳の仕方 …………… 60
- 手形の種類と決済までの流れ …………… 62
- 手形を現金化する方法は複数ある …………… 64
- 現金出納帳に毎日のお金の出入りを記入する …………… 66

第4章 日々発生する経費精算は勘定科目がポイント　67〜97

- よく使う経費の種類と処理方法を把握する …………… 68
  - 事務用品費 …………… 69
  - 消耗品費 …………… 70
  - 旅費交通費 …………… 72
  - 交際費 …………… 74
  - 会議費 …………… 76
  - 福利厚生費 …………… 78
  - 通信費 …………… 79
  - 賃借料 …………… 80
  - 修繕費 …………… 82
  - 支払保険料 …………… 83
  - 租税公課 …………… 84
  - 地代家賃／新聞図書費 …………… 86
  - 諸会費／寄附金 …………… 87

車両費／雑費 …………………………………………… 88

支払手数料／販売手数料 ……………………………… 89

荷造運賃 ………………………………………………… 90

広告宣伝費 ……………………………………………… 91

報酬・料金の支払いにも源泉徴収は必要 ……………… 92

従業員の立替経費精算の基本ルールを押さえる ……… 94

仮払いの精算はできるだけすみやかに行う …………… 96

第5章 何かを買ったり売ったりするたびに記録する
99 ～ 127

仕入業務の流れと買掛金管理 ………………………… 100

仕入計上と買掛金管理のポイント …………………… 102

販売業務の流れと売掛金管理 ………………………… 106

売上計上と売掛金管理のポイント …………………… 108

請求書を発行して代金を回収する …………………… 112

きちんとした領収書でトラブルを防ぐ ……………… 114

特殊な販売方法の場合の売上計上と仕訳 …………… 116

返品や値引があったときは反対仕訳をする ………… 118

割引や割戻があったときの仕訳処理 ………………… 120

内金や手付金、代金立替時の仕訳処理 ……………… 122

仕訳帳から総勘定元帳に転記する …………………… 124

第6章 何年も使うものは何年かに分けて計算する
129 ～ 145

固定資産の種類と管理のための仕事 ………………… 130

固定資産は取得価額によって処理方法が異なる ……… 134

取得時は、複数の処理方法から有利なものを選ぶ …… 136

減価償却の計算方法は2種類覚える必要がある ……………… 138

減価償却費は仕訳の方法が2種類ある ………………………… 142

固定資産を除却・売却したときの仕訳 ………………………… 144

第7章 月次決算でタイムリーな経営状況がわかる 147 〜 159

月次決算で迅速に業績を把握し、年次決算の準備を行う 148

売上高と売上原価を確定させる ………………………………… 150

月次配賦経費を計算して、月次決算の額をならす ………… 152

月の試算表は決算書のもとになる ……………………………… 156

月次決算の決算書類を作成する ………………………………… 158

第8章 給与計算をするのも経理の仕事 161 〜 187

給与に関わる仕事の内容と流れ ………………………………… 162

給与支給額がどうやって決まるのかざっくり把握する …… 164

給与で支給されるものの内訳を把握する ……………………… 166

社会保険の種類と控除の対象を押さえる ……………………… 170

社会保険料の計算は標準報酬月額表を使う …………………… 172

源泉所得税は税額表を使い、住民税は通知に従う ……… 174

賞与からも社会保険料や税金が控除される …………………… 176

退職金は税金が優遇される ……………………………………… 178

社会保険料や源泉所得税、住民税を納める …………………… 180

年末調整で源泉徴収税額を調整する …………………………… 182

第9章 年次決算は経理の腕の見せどころ 189〜212

年次決算のスケジュールと作成書類	190
決算整理を行い正しい数字を確定する	192
現預金や売掛金・買掛金の残高を確認する	194
有価証券の処理方法と固定資産の減価償却	196
期をまたぐ費用・収益の繰延べと見越しを行う	198
棚卸資産を評価して売上原価を算定する	200
引当金の計上と貸倒発生時の処理	202
未払い分の税金も決算整理を行う	204
期末精算表とそのほかの決算整理のポイント	206
決算書類の作成と決算分析の基礎	208
決算から税務申告への流れとスケジュール	212

第10章 デキる経理になるために! 213〜219

デキる経理は会社のニーズを知っている	214
まずは3年、そのあとどうなりたいか考える	216
経理に活かせる資格や経験を知っておく	218

column

経理の現場と簿記の違い	44
経理に求められる情報管理と守秘義務	98
知っていると便利な電卓の機能	128
マイナンバー制度で何が変わる?	146
気をつけたい月次処理の項目	160
復興特別税は2037年までかかる	188

経理の疑問Q&A	……………	220
こんなときどうする?の仕訳例	…	224
覚えておきたい! 経理用語集	…	228
INDEX	……………………………	234

本書の使い方

本書は、日商簿記検定3級の範囲を基本に、一部2級の内容も加えつつ、中小企業に勤務する経理初心者向けの内容を掲載しています。個人事業主の場合など、仕訳や税法上の扱いが異なる場合もありますので、ご注意ください。

そのページの掲載内容の業務が発生する頻度の目安を、知識(知識として知っておきたいこと)、毎日(毎日行う)、適宜(不定期に発生する)、毎月(月に1回行う)、毎年(年に1回行う)に分けて表示しています。

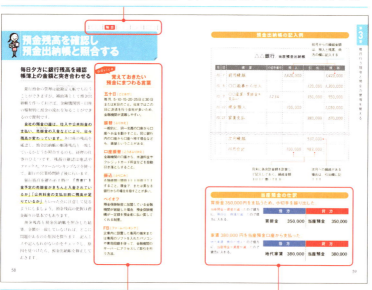

知っておくと便利な情報を advice 、経理経験者の声を VOICE として掲載しています。

仕訳例を多く掲載。ただし企業や会計ソフトによって、勘定科目などが異なる場合もあります。

※本書は特に明記しない限り、2016年6月1日現在の情報に基づいています。

第1章

経理を始めるための基礎知識

具体的な経理のノウハウを覚える前に、
まずは「経理とは何か」や「仕事の基本的なルール」を把握しましょう。
経理の仕事は、1日、1カ月、1年のサイクルがあるので、
時間の流れに沿って考えるとわかりやすいですよ。

知識

経理の仕事は会社の活動を数字で表すこと

日々の活動を記録し経営者に情報を提供

経理の仕事をひと言で表すなら、**「会社の活動を数字で表すこと」**。会社はお金を稼ぐために、日々いろいろな活動を行っています。その企業活動に関する情報を「取引（→P26）」として集め、「簿記（→P24）」という方法によって記録し、集めた数字を見て改善点を考えたり、年度の終わりに「年次決算（→P190）」として財務諸表を作成したりもします。**この一連の流れを1年間というサイクルのなかで繰り返していく**のが経理の仕事です。具体的な業務としては、「仕入の管理」「売上の管理」「現預金の管理」「給与や保険料の計算」「税金の計算」などがあります。

社長が会社を運営するには、「今、どのくらい儲かっているか？」「どれくらいの資産があるか？」といった、会社のお金の動きを正確に把握する必要があります。**そのための情報をタイムリーに提供するのが、経理部門の役割です**。一般に経理というと地味で影の薄い仕事と思われがちですが、実際には、社長の経営判断を左右する、とても大切な役割を担っているのです。

会社での経理の役割

経理がまとめた決算書などから会社の売上や資産状況をチェックする。

企業活動にともなうお金の動きを記録して、貸借対照表や損益計算書にまとめ、経営者に提出する。

仕入や商品の製造・販売、サービスの提供、それにともなう出張や会議などさまざまな企業活動を行う。

経理の主な仕事

[仕入に関するお金を管理する]

適宜

- 仕入管理 → P100
- 買掛金(かいかけきん)の管理 → P102 など

[売上に関するお金を管理する]

適宜

- 売上管理 → P106
- 売掛金(うりかけきん)の管理 → P108
- 請求書の発行 → P112
- 領収書の発行 → P114 など

[現金や預金を管理する]

毎日

- 現金の管理 → P52
- 預金の管理 → P56
- 小切手の管理 → P60
- 手形の管理 → P62
- 経費の仕訳(しわけ)・精算 → P68 など

[会社の財務状況のまとめ]

月1
年1

- 月次決算 → P148
- 年次決算 → P190

[会社の資産をお金に換算する]

月1
年1

- 減価償却(げんかしょうきゃく) → P134 など

[給与や社会保険料を計算する]

月1
年1

- 給与計算 → P162
- 年末調整 → P182
- 社会保険料の計算と納付 → P172 など

[税金を計算して納める]

月1
年1

- 源泉所得税の計算と納付 → P174
- 法人税の計算と納付 → P204
- 法人住民税の計算と納付 → P204
- 消費税の計算と納付 → P204 など

第1章 経理を始めるための基礎知識

会社の規模によって仕事の範囲は異なる

知識

中小企業の経理はオールラウンダーが求められる

「経理の仕事」とひと口にいっても、**会社の規模によって、ひとりの経理担当者が担当する仕事の内容は異なっています**。上場企業のような大きな会社では、経理部のような経理専門の部署が置かれ、多くの人が経理の仕事に携わります。仕事の量も業務範囲も膨大になるため、**一人ひとりはある特定の範囲の経理のみを行う、専門職タイプの仕事**になります。

中小企業では、専門の部署がないことも多く、総務部の中の数人で、ときには総務も人事も経理もひとりがすべてを兼任している、といったケースもあります。特に従業員が30人以下の規模の会社では、**ひとりの経理担当者が、日々の現金の管理や経費の処理から給与計算、決算をこなし、ときには経営者へのアドバイスまで求められる**こともあり、幅広い知識と柔軟な対応力が必要になります。

また業種によっても、経理の仕事の内容に傾向があります。小売業では在庫管理や支払管理（→ P102）にまつわる仕事が多く、製造業などではコスト管理につながるお金の管理の重要性が増す、といった具合です。

中小企業の経理のポイント

- 自分の仕事はここまでと考えず、幅広い役割をこなす姿勢を身に付けよう。
- 経営者の方針や考え方を意識しながら、データや書類を管理しよう。
- 少ない人数でもスムーズに経理業務を行えるよう、年間スケジュールを立てておく。
- 前期の決算からの変更点や課題、法制上の変更点などを把握し、対策を立てておく。
- 税理士と何でも相談できるような信頼関係を築いておく。

会社の規模による経理の仕事の違い

[大企業・上場企業]

売上高、取引件数、従業員数などさまざまな面で規模が大きいため、経理部門の業務が財務担当、決算担当など分業されていることが多い。

[中小企業]

規模によっては経理・総務などの管理部門を一部署またはひとりで対応。税務などは会計事務所に任せていることも多い。財務業務(➡P214)も重要。

[上場子会社・関連会社]

親会社と同等、または親会社が独自に求めるレベルの決算を行い、内容を報告する義務がある。親会社の経理担当者と話ができるだけの知識が必要。

[外資系企業]

海外の親会社への決算報告と、日本国内での税務申告用の決算という、2つの目的に合わせた仕事が必要となる。外国語力も必要。

会社の業種による経理の仕事の違い

[小売業]

簿記(➡P24)で習う「物を仕入れて売る」という流れに一番近く、買掛金管理(➡P102)がポイント。支払業務が煩雑になることも。

[製造業]

製造にかかるコスト管理＝原価計算という業務が発生する。原価計算と予算との差を分析し、原価管理を行う。

[不動産業]

扱う対象が大きく、プロジェクトのスタートから完了まで長期にわたることも多いため、会計年度をまたいで原価計算処理が行われる。

[金融業]

お金が商品＝在庫のため、ほかの業界との違いが大きい。また、各種管理項目や経営に対して、非常に厳しくチェックされる傾向がある。

第1章 経理を始めるための基礎知識

1日、1カ月、1年で経理の仕事を整理する

経理の基本サイクルを頭に入れておこう

　経理担当者は、1日、1カ月、1年という一定のサイクルに沿って仕事をしているので、それぞれのサイクルを押さえておくことが大切です。

　1日単位では、日々の取引をすべて記録していきます。備品の購入や出張旅費の精算といった小口現金の精算、伝票の入力、帳簿の入力などを行います。

　1カ月単位では、会社の1カ月間の動きをまとめて、日々の仕訳（➡P38）の入力にミスがなかったかをチェックします。また、前月と比べて売上はどうか、ムダな経費を使っていないかなどを確認します。給与の計算（➡P162）、社会保険料の計算（➡P172）をするのも毎月の仕事です。

　年単位では、1年間の活動の集大成ともいえる決算書を作成します。決算をすることで、会社のその年の儲けや現在の財務状況を把握することができます。ほかにも、商品の棚卸しや減価償却費（➡P196）の計算、税務申告（➡P212）、株主総会のための報告書作成など、年次単位の業務はたくさんあります。

経理はやるべきことがだいたい決まっているので、仕事の内容を把握すれば、スケジュールが立てやすくなります。ただしそれだけ、スケジュール管理が重要です。　（経理3年目　女性）

神経を使う仕事ですが、しっかりと基礎を身に付ければ、ずっと働いていけます。私は、比較的暇な時期を利用して、日商簿記1級も取得できました。
（経理6年目　女性）

スケジュール管理のコツは、作業に優先順位をつけるなどもありますが、実は人間関係が大きいのではないかと感じています。従業員の協力がないと進みませんから。（経理4年目　女性）

14

1日のスケジュール例

09:00	出社／メールチェック
10:00	手提げ金庫の用意／現金の確認／現金の出金 — 手提金庫を、金庫から取り出す。手提金庫には、日常業務で発生する少額の支払用の現金が入っている。
11:00	普通預金の入出金確認／備品のチェックと補充
12:00	昼休み
13:00	小切手の受け取り／振込手続き — 小切手や手形の受け取りや取立は、できるだけ早い時間に。朝イチで済ませるのもおすすめ。
14:00	仕訳／帳簿類への記録
15:00	
16:00	預金残高の確認／現金残高の確認／現金実査 — 1日の業務の終わりごろに、預金や現金の残高を確認する。
17:00	書類の整理・ファイリング／手提げ金庫の返却 — 書類の整理、ファイリングをしながら、やり残した仕事がないかチェック。明日の仕事の予定も立てておく。
18:00	退勤

毎日のルーチンワークこそ、しっかりと！

毎日 行う仕事

- 現金の管理
  （現金の出し入れ、残高の確認など）
- 預金の管理
  （預金の出し入れ、残高の確認など）
- 仕訳と帳簿への記録
- 伝票や書類の管理

日によって 発生する仕事

- 仕入計上、買掛金（かいかけきん）管理と支払い
- 売上計上、売掛金（うりかけきん）管理と回収
- 未払金管理と支払い
- 経費の精算
- 領収書、請求書の発行
- 固定資産計上
- 在庫管理

第1章 経理を始めるための基礎知識

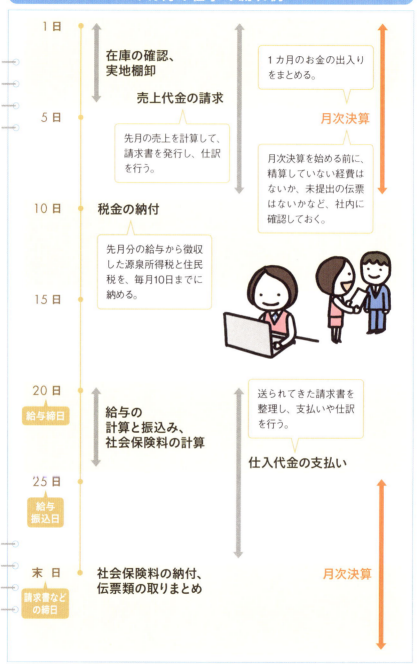

お金が動くたびに伝票を作り、帳簿にまとめる

伝票をもとに帳簿に入力する「仕訳」は基本の業務

　経理の主な仕事は、日々の取引を会計データとして集計することにあります。**取引を記録する書類は「伝票」と「帳簿」です。**

　会社で行われるさまざまな取引（➡ P26）は、各部署の担当者や経理担当者によって、売上伝票などの「伝票」に記録されます。経理担当者はそれらを集めて「帳簿」にまとめます。主な帳簿としては、取引を日付順に記録した「仕訳帳」と、勘定科目別に記録した「総勘定元帳」があります（➡ P124）。

　帳簿への記録は、P28で説明する「仕訳」という簿記のルールに従って行います。手書きで帳簿を作成する際は、取引を仕訳帳や伝票に記録し、仕訳帳から総勘定元帳に転記します。さらに仕訳帳をもとに、小口現金出納帳（➡ P54）や預金出納帳（➡ P58）などの補助簿を作ることもあります。

　最近では、仕訳入力は会計ソフトで行うことが一般的です。会計ソフトの場合、仕訳帳に入力しただけで、自動的に総勘定元帳などほかの帳簿に転記されるので、転記ミスが起こる心配はありません。なお、これらの**伝票や帳簿は決められた保管期間にのっとって保管しておく必要があります。**

経理が作成する主な伝票と帳簿

［ 伝票 ］
- 仕入伝票
- 売上伝票
- 振替伝票
- 入金伝票
- 出金伝票
- 仮払伝票　など

［ 帳簿 ］
- 仕訳帳　● 総勘定元帳 → **主要簿**
- 小口現金出納帳
- 預金出納帳
- 売掛金元帳（得意先元帳）
- 買掛金元帳（仕入先元帳）
- 受取手形記入帳
- 商品有高帳
- 固定資産台帳
- 支払手形記入帳　など

→ **補助簿**

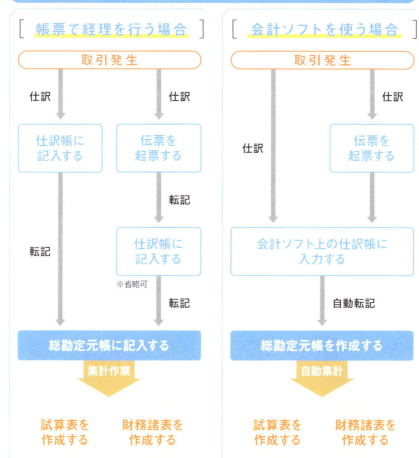

書類	法律	保管期間
領収書、請求書、契約書、注文請書、見積書、預金通帳、棚卸表　など	法人税法	7年
仕訳帳、総勘定元帳、現金出納帳、売上帳、仕入帳、売掛金元帳、買掛金元帳、固定資産台帳、貸借対照表、損益計算書　など	会社法 法人税法	10年
株主資本等変動計算書、個別注記表　など	会社法	
税務申告書、税務届出書、決算書、社則・社内規定、定款、登記書類、許認可書類、知的所有権関係の書類（特許証など）	特になし	半永久的に保管

手書き伝票作成時の基本ルール

伝票を正しく作成しトラブルを防止

　取引の記録となる伝票の作成は、システム化が進んだ昨今でも手書きで作成されることが多いといえます。**伝票の作成には、決められた記入方法や訂正方法がある**ので、経理業務の常識として知っておきましょう。

　伝票を手書きで作成する際は、ボールペンを使います。これは、あとから誰かが金額などを不正に書き換えるのを防止するためです。同じ理由で、「消せるボールペン」や鉛筆は使ってはいけません。訂正する必要があるときは、修正液は使わず、必ず二重線で消した上に訂正印を押し、正しい数字や文字を記入してください。

　また**書き損じた伝票は、破棄せず、わかりやすく×印を書いてそのまま保存**しておきます。伝票には必ず伝票番号が連番で割り振ってあるので、破棄してしまうと、会計監査を受ける際に粉飾決算を疑われてしまうからです。

申請書類と承認印

経理の仕事では、支払いの申請や請求書の作成依頼など、さまざまな申請書類を扱います。申請書類は、経営者や責任者など複数が内容をチェックすることで、不正やミスを防ぐ仕組み。申請書類を受け取ったら必ず適切な承認者の承認印があるか確認します。

伝票作成時の基本ルール

数字や文字を記入するときは、ボールペンを使用する

必ず連番で管理する

伝票の起票者と承認した人が、それぞれ押印する

数字の書き方と訂正の仕方

[**数字の書き方**]

○ **よい例**
一つひとつがはっきりと読みやすく書いてある。

× **悪い例**
数字が崩れていたりつながったりしている。

[**訂正の仕方**]

○ **よい例**
数字全体に二重線を引いて訂正印を押し、正しい数字を記入する。赤の二重線を使う場合もある。

× **悪い例**
斜線を使ったり、一部の数字だけを訂正している。修正液の使用も不可。

線の種類と意味

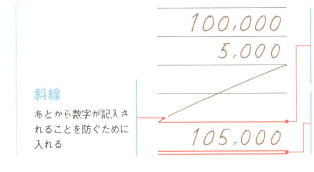

赤の1本線
この線より上の額を合計し、下に合計額を書く。合計線という

斜線
あとから数字が記入されることを防ぐために入れる

赤の2本線
記入はここまで、の意味。締切線という

会社で使う印鑑の種類とその使い分け

契約書などに使われる印鑑。取り扱いに十分注意を

　日本のビジネス文化では、承認のしるしとして印鑑を押すことが慣習になっています。**「会社代表印」は、会社設立時に法務局に届け出された印鑑**。契約書や税務申告書などの重要書類には、代表者の署名とともに代表印の押印が求められます。代表印は個人の実印と同じでとても重要な印鑑です。**押印できる人を限定し、管理簿で押印記録をつけるなどして管理を徹底**しましょう。「銀行印」は銀行口座を開設する際に登録した印鑑で、銀行取引や手形取引の際に、「角印」は請求書や納品書、注文書などの一般的な社外文書に使われます。「ゴム印」を使えば、住所を書く際の手間が省けます。

会社で使う印鑑の種類

代表印（実印）	銀行印（銀行届出印）	角印（社印）	ゴム印（角判）
			〒102-×××× 東京都千代田区○丁目○番○号 株式会社 南北企画 代表取締役社長　○○○○ 電話番号　03-××××-××××
最も正式な印鑑。社長など、ごく限られた人が使う。契約書や税務申告書などの法的文書に使う。	代表印と兼用することも。口座開設や預金の出し入れ、手形や小切手の発行など、金融機関との取引に使う。	代表印の次に正式な印。部長など、役職者が使う。見積書や請求書、領収書などで使う。	署名欄に手書きする代わりに使う印。契約書や封筒などに使う。所在地や代表者名などが分かれているものもある。

advice　印鑑の押し方

　印鑑の押し方ごとの呼び名も知っておくと、便利です。「契印」は、冊子型の契約書のページが差し換えられないよう、ページまたは製本テープにまたがって押される印です。「割印」は「控え」と「本体」など、複数の書類が1組であることを示すためのもので、複数の書類にまたがって押されます。「訂正印」は訂正箇所に押し、「捨印」は訂正があったときのために、あらかじめ欄外に押しておく印のことです。

第2章
仕訳を制する者が簿記を制する

すべての経理の基本となるのが「簿記」であり、
その要となるのが「仕訳」です。
これは経理において、デジタル化が進んだ現在でも変わりません。
まず手始めに、経理作業の必須項目「仕訳」の基礎をマスターしましょう。

| 知識 |

経理の必須スキル「簿記」を知る

簿記がわかれば会社の実態がわかるようになる

　会社のなかでは毎日「材料を買った」「商品を売った」「給与を支払った」など、"お金やものの出入り"が発生します。この"お金やものの出入り"を記録するための方法を「簿記」といいます。経理業務のサイクルのなかで、一年の締めくくりに決算書を作る仕事（➡P190）がありますが、簿記は決算書を作るための第一歩でもあります。簿記で日々の活動の成果を集計し、それを1年分まとめて会社の通信簿ともいえる決算書を作るということです。決算書を見れば、その会社がどれくらい儲かっているのか、どんな財産をもっているのか、状態が明らかになります。株主や銀行は、この決算書を見て経営状態を分析し、株の購入や融資の可否を判断するわけです。

　簿記の知識があれば、決算書が読めて、経営分析ができるようになります。また、経済の動きもよくわかるようになります。といっても、決して難しいものではなく、コツをつかめば誰でも身に付けることができます。

簿記を何も知らずに経理担当に。仕事を覚えるのと並行して、日商簿記3級の資格を取りました。勉強したことがすぐ仕事に役立つので、覚えやすかったです。　（経理2年目　女性）

20代後半になって、何か資格がほしいと思い、簿記の勉強を始めました。3級取得後、転職に成功。仕事が落ち着いたら2級も受験したいと考えています。
（経理1年目　女性）

簿記2級をもっていたこともあって、入社3年目で経理担当に。復習を兼ねて、1級の勉強を始めました。今は、税理士も視野に入れて勉強しています。
（経理5年目　男性）

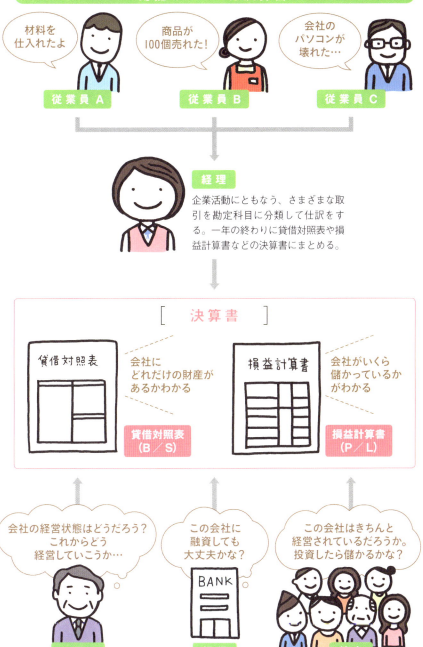

知識

簿記では機械の廃棄も「取引」にカウントする

5グループのなかに、いろいろな勘定科目がある

　簿記は"お金やものの出入り"を記録する手段と説明しましたが、この一つひとつの"お金やものの出入り"のことを「取引」と呼びます。一般的に使う「取引」とは意味合いが少し違うので注意が必要です。

　簿記で扱う取引は、資産、負債、純資産、費用、収益の5つのグループに大きく分類されます。言い換えれば、すべての取引は必ずこの5グループのいずれかに属するということ。資産、負債、純資産は、「貸借対照表」に関わる取引で、費用と収益は、「損益計算書」に関わる取引です。

　5つのグループをさらに細かく分けたものを「勘定科目」とよびます。たとえば資産のグループには、「現金」「普通預金」「売掛金」などの勘定科目があり、資産の増減を示します。実際の記帳では、勘定科目と金額をセットで記入することで、取引を記録します。お金の出入りだけでなく、「故障した機械を廃棄した」といった"ものの出入り"も取引となるので注意してください。

簿記で取引にカウントされるものとされないもの

✗	◯	◯

販売契約	**給与**	**故障した機械の廃棄**
契約書を取り交わしていても、ものやサービス、お金に変化がない場合は、取引にカウントされない。	従業員への給与や賞与の支払いは、経理上では取引として扱われる。	機械の廃棄や施設の老朽化なども、経理上では取引として扱われる。

簿記は取引を5つに分類する

[貸借対照表に含まれる項目]

資 産

企業活動に必要なものや権利。将来入ってくる収入＝受取手形や売掛金なども含む。

- 現金
- 普通預金
- 受取手形
- 売掛金
- 立替金
- 未収金
- 製品
- 車両運搬具
- 土地
- 備品　など

負 債

会社の外から調達したお金で、返済の義務をともなうもの。

- 支払手形
- 買掛金
- 借入金
- 前受金
- 未払費用
- 社債　など

純資産

株主からの出資金や、企業活動を通して得た利益のうち社内にストックしておくお金。事業の元手になる。

- 資本金
- 資本準備金
- 利益準備金
- 自己株式　など

[損益計算書に含まれる項目]

費 用

収益を得るためにかかったお金。

- 仕入
- 減価償却費
- 福利厚生費
- 給与
- 交際費
- 広告宣伝費
- 地代家賃
- 水道光熱費　など

収 益

企業活動によって得たお金。

- 売上
- 受取利息
- 受取手数料
- 受取家賃
- 受取配当金
- 雑収入　など

第2章　仕訳を制する者が簿記を制する

5つのグループの関係を決算書で読み解く

[貸借対照表]

資産（会社の財産）
＝
負債
＋
純資産

[損益計算書]

純利益（儲け）
＝
収益
ー
費用

27

知識

複式簿記は1つの取引を2つの面から記録する

どのような取引にも「原因」と「結果」がある

　おこづかい帳や家計簿も簿記の一種ですが、これらは「単式簿記」で作られています。**単式簿記とは、1回の取引を1つの項目で表す方法**。たとえば、「給与収入　20万円」という具合です。単式簿記の場合、1回1回の現金の出し入れは表現できますが、取引の結果は表現できません。上記の例なら、「20万円の給与収入があった」という取引には「普通預金が20万円増えた」という結果がともないますが、単式簿記ではその片方しか表現できません。

　どんな取引にも実は2つの側面（原因と結果）があり、両面を表さなければ、より正確な帳簿とはいえません。そこで、**1つの取引を2つの側面から記録する方法が「複式簿記」**です。実際の作業としては、1回の取引を左右2つの項目に振り分けて、勘定科目と金額を記入します。このとき、左側の項目を「借方」、右側の項目を「貸方」と呼び、**どちら側にどんな項目を記載するかの、振り分け方のルールを「仕訳」**といいます（➡ P38）。

1つの取引を2つの面から見てみる

会社の業務で使うパソコンを150,000円で買い、現金で支払った

① 会社の資産が150,000円増えた

② 現金が150,000円減った

複式簿記と単式簿記の違い

[**複式簿記の例**]　　　　　　　　　　　[**単式簿記の例**]

200,000円売上が発生し、現金が200,000円増えた　←　収入が200,000円あった

給与200,000円を現金で受け取った

5,000円の商品を仕入れ、現金が5,000円減った　←　現金が5,000円減った

洋服を5,000円分買い、現金で支払った

普通預金が30,000円増え、現金が30,000円減った　←　現金が30,000円減った

銀行の普通預金に現金30,000円を預金した

内容	収入	支出
給与	200,000	—
被服費	—	5,000
預金	—	30,000

家計簿なら

借方		貸方	
現金	200,000	売上	200,000
仕入	5,000	現金	5,000
普通預金	30,000	現金	30,000

簿記で表すなら

第2章 仕訳を制する者が簿記を制する

知識

取引は勘定科目で分類される❶
貸借対照表の勘定科目

「資産の合計 = 負債の合計 + 純資産の合計」

　仕訳をする際は、勘定科目と金額を記入します。まずは貸借対照表（→P208）を構成する資産、負債、純資産の勘定科目を見てみましょう。

　資産とは、会社の財産に当たる項目で、主に流動資産と固定資産に分かれます。流動資産は、「預金」や「受取手形」などのように、1年以内に現金に換えることのできる資産のこと。固定資産は、「建物」や「車両運搬具」など、1年以上使用する目的でもっている資産のことを指します。

　負債とは、将来返さなければならないお金のことです。銀行からの「借入金」や、代金後払いで購入したときの「買掛金」などがこれに当たります。

　純資産とは、資産の合計から負債の合計を引いたものをいいます。株主から集めた「資本金」や、利益の蓄積である「利益剰余金」などがあります。

　資産、負債、純資産は、「資産の合計＝負債の合計＋純資産の合計」という式で表され、貸借対照表の形はまさにこの式のとおりになっています。

貸借対照表と勘定科目

流動資産
現金、預金、売掛金など

固定資産
土地、建物、特許権など

資産

負債

純資産

流動負債
短期借入金、買掛金、前受金など

固定負債
長期借入金、社債など

資本金
出資金、自己の元入金など

資本剰余金
資本金に含めていない出資金など

利益剰余金
企業活動で得た利益の蓄積

資産の主な勘定科目

勘定科目	該当するもの
現金 （げんきん）	手元で保管している現金や現金の代わりになるもの。 紙幣、硬貨、小切手など。
小口現金 （こぐちげんきん）	少額の経費の支払いに使うため、手元に用意してある現金。
預金 （よきん）	銀行などの金融機関に預けている普通預金、当座預金、定期預金 などのお金。
受取手形 （うけとりてがた）	取引において代金として受け取った約束手形や為替手形。
売掛金 （うりかけきん）	商品やサービスを販売した代金を後払いで受け取る権利。
未収入金 （みしゅうにゅうきん）	本業以外で売ったものやサービスの代金を、後払いで受け取る権利。
有価証券 （ゆうかしょうけん）	売買目的で所有している株式、国債、社債、投資信託などの金融商品。
投資有価証券 （とうしゆうかしょうけん）	長期保有目的の債券（満期まで1年以上）、企業間の持ち合い株式 など。
商品 （しょうひん）	販売目的で仕入れた商品。
原材料 （げんざいりょう）	製品を製造するために仕入れた材料、部品、燃料など。
仕掛品 （しかかりひん）	製造途中・作りかけの製品。
貯蔵品 （ちょぞうひん）	決算時点で残っている切手や収入印紙。
前払金 （まえばらいきん）	商品代金の一部または全額を前払いしたもの。内金、手付金など。
前払費用 （まえばらいひよう）	まだ提供を受けていないサービスの代金の一部または 全額を前払いしたもの。
貸付金 （かしつけきん）	取引先や従業員などに貸したお金。1年以内に返済予定のものを 「短期貸付金」、返済が1年より先のものを「長期貸付金」という。
仮払金 （かりばらいきん）	使いみちや金額が確定していない、一時的な支出。 まだ精算されていない経理からの出金。
立替金 （たてかえきん）	取引先や従業員に一時的に立て替えたお金。
建物 （たてもの）	会社が所有している店舗や事務所、工場などの建物。
土地 （とち）	会社が所有している駐車場や資材置き場などになっている土地。

勘定科目	該当するもの
車両運搬具	会社が所有している営業用の自動車や配送用のトラック、オートバイ、フォークリフトなど。
器具備品	会社で1年以上使う10万円以上の机やイス、パソコンなど。
消耗品	会社で日常に使用する文具やコピー用紙など。
貸倒引当金	売掛金、受取手形、貸付金などが回収できない可能性を考え、前もって見積もっておくお金。
減価償却累計額	毎期行った、減価償却費の合計金額。

負債の主な勘定科目

勘定科目	該当するもの
支払手形	取引において代金の支払いとして発行した、約束手形や為替手形。
買掛金	代金後払いで買った、販売目的の商品やサービスの代金。
前受金	取引完了前に受け取った代金の一部または全額。内金、手付金。
預り金	後日、第三者や本人に支払うために、取引先や従業員から会社が預かった社会保険料、所得税、保証金などのお金。
立替金	取引先が負担するべき代金を代わりに支払ったり、従業員などに対して一時的に金銭を立て替えたりしたときのお金。
借入金	金融機関や取引先に返済しなければならないお金。1年以内に返済するものを「短期借入金」、1年より先を「長期借入金」という。
社債	会社が広く一般から資金を集めるために発行した債券。
未払金	水道光熱費、支払手数料など、本業の取引以外で発生した代金のうち、金額が確定しているがまだ支払っていないもの。
未払法人税等	まだ納付していない法人税、住民税、事業税。
未払費用	継続して提供を受けているサービスの代金のうち、すでにサービスを受けたが代金を支払っていない分の金額。
退職給付引当金	将来支給する予定の従業員の退職金に備えて計上しておくお金。
前受収益	来期以降の分まで先に受け取ったお金。収益の繰延べ（➡ P198）のための勘定科目。

純資産の主な勘定科目

勘定科目	該当するもの
資本金	会社を設立した・増資したときの出資金。
資本準備金	株主から集めた出資金で、資本金に入れなかったお金のうち、会社法で積立が義務づけられているもの。
利益準備金	会社が蓄えてきた利益のうち、会社法で積立が義務づけられているもの。
繰越利益剰余金	会社が蓄えてきた利益のうち、株主総会で処分内容を決めるもの。
別途積立金	特定の目的を定めずに積み立てるお金。
自己株式	自分の会社で保有している自社の株式。

advice 貸借対照表の勘定科目の仕訳例

売掛金15,000円を小切手で回収した。

売掛金＝資産が減ったので貸方に、現金＝資産が増えたので借方に入れる。

借　方	貸　方
現金　　　15,000	売掛金　　　15,000

借入金100,000円を借りて普通預金口座に入金した。

借入金＝負債が増えたので貸方に、普通預金＝資産が増えたので借方に入れる。

借　方	貸　方
普通預金　100,000	借入金　　100,000

現金1,000,000円を出資して会社を設立した。

資本金＝純資産が増えたので貸方に、現金＝資産が増えたので借方に入れる。

借　方	貸　方
現金　　1,000,000	資本金　1,000,000

第2章 仕訳を制する者が簿記を制する

取引は勘定科目で分類される❷
損益計算書の勘定科目

収益から費用を差し引くと利益になる

　次に、損益計算書（➡ P208）を構成する収益と費用のグループの勘定科目を見ていきましょう。**収益とは、日々の企業活動によって得た収入**のこと。代表的なものは、商品やサービスを提供したときに入ってくる「売上」ですが、それ以外に銀行預金の「受取利息」なども収益に含まれます。**費用とは、会社が収益を獲得するために使ったさまざまな出費**のこと。商品や原料を買うために支払った「仕入」、従業員に支払う「給与手当」などです。

　なお、収益と同じく日常でよく使われる言葉に「利益」がありますが、簿記の世界ではこの2つの意味は区別されています。収益から費用を差し引いたものが利益（純利益）です。つまり、**「収益－費用＝利益」の式が成り立ち**、利益がプラスならば黒字、マイナスならば赤字となります。

損益計算書で見る各科目の位置づけ

売上原価
期首商品棚卸高、当期仕入高、期末商品棚卸高 など

販売費及び一般管理費
給与手当、福利厚生費、広告宣伝費、業務委託費 など

営業外費用
支払利息、為替差損 など

特別損失
固定資産売却損、固定資産除却損 など

売上高

営業外収益
受取利息、為替差益 など

特別利益
固定資産売却益 など

（費用／純利益／収益）

費用の主な勘定科目

勘定科目	該当するもの
仕入（しいれ）	商品や原材料の購入代金。
役員報酬（やくいんほうしゅう）	取締役や監査役など、会社役員に対する報酬。
給与手当（きゅうよてあて）	従業員に支払う給与や賞与、手当。賞与は分ける場合もある。
法定福利費（ほうていふくりひ）	厚生年金や健康保険、雇用保険などの社会保険料のうち、会社負担分。
福利厚生費（ふくりこうせいひ）	社員旅行などの慰安目的の行事や残業食事代、常備薬や予防接種の費用など、従業員が働きやすい環境を整えるために使ったお金。
通勤交通費（つうきんこうつうひ）	自宅から会社までの交通費。旅費交通費に含めることもある。
消耗品費（しょうもうひんひ）	使用期間が1年未満、または10万円未満のテーブルやポット、電球などの備品にかかった費用。
事務用品費（じむようひんひ）	事務作業で必要な文房具やコピー用紙などにかかったお金。
地代家賃（ちだいやちん）	事務所や店舗、工場、倉庫などの建物の貸借料や月極の駐車場料金など。「賃借料」にまとめることもある。
賃借料（ちんしゃくりょう）	土地・建物以外、車両やパソコンなどのレンタルやリースにかかった費用。
支払保険料（しはらいほけんりょう）	車両保険や火災保険、損害保険料などの費用。
修繕費（しゅうぜんひ）	建物や機器、車など、事業活動上不可欠なものの修理や維持管理にかかったお金。
広告宣伝費（こうこくせんでんひ）	チラシやポスター、CMなど、商品や企業名の宣伝にかかったお金。
見本品費（みほんひんひ）	いわゆるサンプル品などの提供にかかる費用を、独立した勘定科目で計上したいときに使う。少額の場合は広告宣伝費に含める。
租税公課（そぜいこうか）	法人税、住民税など以外の税金や罰則金、住民票の発行手数料など公的な手数料の支払いでかかった費用。
減価償却費（げんかしょうきゃくひ）	固定資産の価値が減少した分。
旅費交通費（りょひこうつうひ）	業務にともなって発生した、電車代・駐車場代・タクシー代や出張時の日当や宿泊費など。
通信費（つうしんひ）	電話、郵便、インターネット、バイク便、宅配便などにかかったお金。ただし、商品の発送や購入にかかった費用はのぞく。
荷造運賃（にづくりうんちん）	商品の発送のためにかかった梱包費や運賃。

第2章

仕訳を制する者が簿記を制する

35

勘定科目	該当するもの
水道光熱費 （すいどうこうねつひ）	電気代、水道代、ガス代などの費用。石油や灯油などの燃料代は「燃料費」とすることもある。
リース料 （りょう）	車両や機器、観葉植物などをリースで借りたときの代金。「賃借料」にまとめることもある。
保管料 （ほかんりょう）	商品や製品の保管を、倉庫業者などに依頼した場合の倉庫使用料や預かり料。倉敷料とも。
会議費 （かいぎひ）	社内外で行われる会議や打ち合わせの会議室使用料や茶菓子代など。
交際費 （こうさいひ）	得意先への接待や、御中元・御歳暮などの贈答品、御見舞いなどにかかった費用。
寄附金 （きふきん）	国や地方公共団体、政治団体、町内会、企業などに贈与または無償提供したもの。
外注費・業務委託費 （がいちゅうひ・ぎょうむいたくひ）	デザインや清掃など、事業・業務の一部をほかの業者に委託した際に支払った費用。
支払報酬 （しはらいほうしゅう）	弁護士や税理士、コンサルタントなど外部の専門家に支払ったお金。
支払手数料 （しはらいてすうりょう）	銀行の振込手数料など。
諸会費 （しょかいひ）	社交団体や業界団体の会費やクレジットカードの年会費など。
新聞図書費 （しんぶんとしょひ）	新聞・雑誌の購読料や書籍の購入代金。
車両費、車両関係費 （しゃりょうひ、しゃりょうかんけいひ）	自動車のガソリン代、自動車税、自動車保険料、車検費用など、自動車の維持のために発生する費用。
雑費 （ざっぴ）	「販売費及び一般管理費」のうち、どの科目にもあてはまらないもの。
支払利息 （しはらいりそく）	借入金に対して支払った利息や信用保証料など。
有価証券売却損 （ゆうかしょうけんばいきゃくそん）	株式、手形などの有価証券を売却したときに発生した損失。
為替差損 （かわせさそん）	外国通貨による取引や外国債券の取引などで、為替相場の変動により生じた損失。
雑損失 （ざっそんしつ）	本業以外の取引で発生した費用のうち、ほかの科目に分類できず少額のもの。
貸倒損失 （かしだおれそんしつ）	受取手形や売掛金、貸付金が回収できなくなったときに発生した損失。
固定資産売却損 （こていしさんばいきゃくそん）	固定資産を売却したときに発生した損失。
固定資産除却損 （こていしさんじょきゃくそん）	固定資産を処分したときに発生した損失。

収益の主な勘定科目

勘定科目	該当するもの
売上 (うりあげ)	商品やサービスの販売など、本業で得た稼ぎ。
売上戻し (うりあげもどし)	商品の返品などによる、売上の戻し分。
受取利息 (うけとりりそく)	預貯金の利息や貸付金、国債などから得た利息。
受取配当金 (うけとりはいとうきん)	所有している株式や出資金からの配当金。
受取賃貸料 (うけとりちんたいりょう)	不動産を貸した場合の家賃収入など。
有価証券売却益 (ゆうかしょうけんばいきゃくえき)	有価証券を売却したときに発生した利益。
為替差益 (かわせさえき)	外国通貨による取引や外国債券の取引などで、為替相場の変動により生じた利益。
雑収入 (ざつしゅうにゅう)	本業以外の取引から得た利益のうち、ほかの科目に分類できず少額のもの。
固定資産売却益 (こていしさんばいきゃくえき)	固定資産を売却したときに発生した利益。

---

advice 損益計算書の勘定科目の仕訳(しわけ)例

コピー用紙代7,000円を事業用クレジットカードで支払った。

事務用品費＝費用が増えたので借方に、未払金＝負債が増えたので貸方に入れる。

借　方		貸　方	
事務用品費	7,000	未払金	7,000

普通預金の利息500円分が振り込まれた。

受取利息＝収益が増えたので貸方に、普通預金＝資産が増えたので借方に入れる。

借　方		貸　方	
普通預金	500	受取利息	500

仕訳とはルールに沿って取引を左右に振り分けること

左が借方、右が貸方。パターンは決まっている

「仕訳」とは、1回の取引を2つに分解し、借方（左側）・貸方（右側）に記録する方法のこと。借方・貸方という言葉に意味はないので、単純に**「左が借方、右が貸方」**と覚えておきましょう。

実際に仕訳する際、借方と貸方のどちらに何の勘定科目を書くのか混乱するかもしれませんが、実は右図のように一定のルールがあります。**資産、負債、純資産、収益、費用のどれが増加しているか、あるいは減少しているかで、借方に書くか、貸方に書くかが決まる**のです。このルールさえ覚えれば、混乱することがなくなります。

たとえば、「商品を50,000円分販売し、現金を得た」という取引があったとします。現金を得たのは「資産の増加」なので、借方に「現金 50,000」と書きます。一方、現金を得た理由に当たる「売上」が反対側にくるので、貸方に「売上 50,000」と書きます。これで仕訳が完成です。

P40の図のように、**大体の取引が借方4種類と貸方4種類の組み合わせでできています**。パターンどおりに行えばよいので、難しくはありません。

借方は左に、貸方は右に入れる

[　　　借　方　　　]　　[　　　貸　方　　　]

かり　　　　　かし

左に書く　　　　　　　　　　　右に書く

- 左右のどちらかが原因で、どちらかが結果になる
- 左と右の合計金額はつり合う

借方と貸方の組み合わせは決まっている

[借方]　　　　　　　　　　　　　　　[貸方]

借方	貸方
資産が増えた ↑	資産が減った ↓
負債が減った ↓	負債が増えた ↑
純資産が減った ↓	純資産が増えた ↑
費用が増えた ↑（発生した）	収益が増えた ↑（発生した）

ほとんどの取引が、借方4種類と貸方4種類の組み合わせで表されます。収益や費用が減ることが絶対ないわけではありませんが、極めてまれなので、まずは上図を覚えましょう

資産の増加はすべての貸方に、資産の減少はすべての借方に対応するんですね！

よくある仕訳の例を見てみよう

土地を1,000,000円で購入し、普通預金口座から振り込んだ。

普通預金＝資産が減ったので貸方に、土地＝資産が増えたので借方に入れる。

借　方	貸　方
土地　　1,000,000	普通預金　1,000,000

販売した商品の売掛金10,000円を現金で回収した。

売掛金＝資産が減ったので貸方に、現金＝資産が増えたので借方に入れる。

借　方	貸　方
現金　　　10,000	売掛金　　　10,000

月末に、未払金20,000円を現金で支払った。

未払金＝負債が減ったので借方に、現金＝資産が減ったので貸方に入れる。

借　方	貸　方
未払金　　20,000	現金　　　20,000

宣伝用のチラシの印刷代金50,000円を翌月末払いとした。

広告宣伝費＝費用が増えたので借方に、未払金＝負債が増えたので貸方に入れる。

借　方	貸　方
広告宣伝費　50,000	未払金　　　50,000

---

advice 決算書のイメージから仕訳のルールを覚える

借方と貸方の組み合わせは、決算書のイメージから覚える方法もあります。右図のように、「増えた」場合はすべて、貸借対照表と損益計算書のそれぞれの位置に収まっています。資産が増えたら左＝借方といったように、決算書をもとに覚えてもよいでしょう。

第2章　仕訳を制する者が簿記を制する

|知識|

会社の業務の流れと簿記の関係を理解する

業務サイクルの各段階で経理の仕事が生まれる

　会社の目的は多くの利益を上げることにあり、そのために、たくさんの従業員がそれぞれの役割を果たしながら業務を行っています。その業務の一つひとつを、簿記を使って記録していき、財務諸表（→ P208）を作ることで、最終的に利益をいくら上げたのか知ることができます。**利益の数値は、会社が事業活動によって生み出した「付加価値」の額**ととらえることができます。

　たとえば製造業では「商品の企画・開発」「材料の仕入」「製造」「販売」、そして「代金回収」「在庫の管理」という一連の業務の流れがあります。それぞれの部署が互いに連携しながら、このサイクルをスムーズに動かすことが、より大きな利益を上げることにつながります。

　このサイクルの各段階で、経理の業務も発生します。「資金繰り」「買掛金（かいかけきん）管理・支払」「請求」「売掛金（うりかけきん）管理・代金回収」「棚卸・在庫管理」などです。経理担当者は、**自社の業務サイクルをよく理解し、それにともなってどのような経理業務が必要になってくるのか、自社の業務サイクルと連動させて経理業務のサイクルを把握しておく**ことも大切。そうすることで、自分の経理業務の先も見通せるだけでなく、会社全体に目配りできるようになります。

ndvice 経理業務にはコミュニケーションも大切

経理担当者がまず意識しなければならないのは、会社経営者。経営者が正しく経営判断できるよう、適切な経理データを用意する必要があります。そしてそのデータを取りまとめるためには、従業員の協力がかかせません。書類や情報を、スムーズに提供してもらう必要があります。そのためにはお互いの仕事内容を理解し、日ごろから十分にコミュニケーションをとっておく必要があります。

会社の業務の流れと経理の仕事の例

[**会社の業務**]　　　　[**経理の仕事**]

会社の業務	経理の仕事
商品の企画・開発	資金繰り
	固定資産の管理 → P130　簿記
材料の仕入、 製造用機械の購入 人件費や経費の見積もり	**受発注・支払** **仕入計上** → P102　簿記
	受発注・支払 **買掛金管理・支払** → P102　簿記
商品の製造	原価計算
販売 営業・広告活動	**経費の処理** → P68　簿記
	請求・代金回収 **売上計上** → P108　簿記
代金の回収	**請求・代金回収** **売掛金管理・代金の回収** → P108、112　簿記
在庫管理	棚卸・在庫管理

第2章　仕訳を制する者が簿記を制する

経理の現場と簿記の違い

簿記 　　　現場

会計ソフト中心でも、簿記の基礎は重要!

　簿記検定などで勉強した簿記と、経理の現場で身に付ける実務には違いがあります。では、どのような点が異なるのでしょうか?

　経理の実務は、会計ソフトを使った処理が増えています。昨今の会計ソフトはサポート機能が充実しているので、ごく初歩的な簿記の仕訳を覚えれば誰でもすぐに利用できます。一度入力すれば、自動的に総勘定元帳、現預金出納帳、補助元帳などに転記してくれるので転記ミスもありません。損益計算書や貸借対照表の作成も1クリックで行えます。ただし、ソフトの使い方や特有の仕訳ルールを覚える必要はあります。

　会計ソフトは確かに便利ですが、それを使うのはあくまでも人間です。簿記の基本的な仕組みを身に付けていなければ、重大な間違いに気づかずに入力を続けてしまうかもしれません。経理業務の全体像を知り、その基礎を身に付けるために、簿記を学ぶことは有効なのです。

第3章
毎日行う現金と預金の管理を覚える

経理担当者が最初に任されることが多いのが、小口現金や預金の管理。
現金や預金に加え、経理では現金と同等に扱われる、
小切手や手形の管理方法を覚えましょう。
これらの管理ミスは、会社の信頼喪失につながることを忘れず、慎重に。

お金の動きを伝票で記録・管理する方法

知識 | 適宜

伝票とは仕訳帳の代わりに使う紙のこと

　仕訳は、会社のすべての取引を日付順に「仕訳帳」という帳簿に記入し、その後「総勘定元帳」に転記していく（→ P124）のが本来のやり方です。しかし、仕訳帳は1冊しかなく、仕訳帳への記帳作業を分担することは物理的にも難しいといえます。そこで「伝票」が使われます。**伝票は、仕訳した取引内容を記入する紙**のこと。日々の取引をまず伝票に記入し、それをもとに総勘定元帳に転記すれば、仕訳帳への記入を省くことができます。社内の各部署に伝票を渡して、各担当者に日々の取引を記入してもらうルールにすれば、経理部門では仕訳作業をしなくて済み、業務効率が上がります。

　伝票にはいくつかの種類がありますが、**「入金伝票」「出金伝票」「振替伝票」を使う三伝票制が主流**です。入金伝票と出金伝票は、簿記の知識がない人でも記入することができます。それぞれの伝票の種類と作成方法をしっかりと理解しておきましょう。

三伝票制の3つの伝票

使い方
借方の勘定科目が現金になる入金取引
➡相手から現金を受け取る取引のときに使う

記入内容
貸方の勘定科目と金額、取引の内容

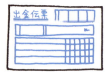

使い方
貸方の勘定科目が現金になる出金取引
➡相手に現金を支払う取引のときに使う

記入内容
借方の勘定科目と金額、取引の内容

使い方
どんな取引でも使える

記入内容
借方・貸方の勘定科目と金額、取引の内容

入金伝票作成の流れと記入例

出金伝票作成の流れと記入例

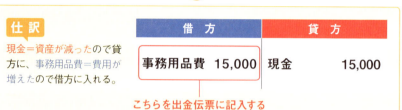

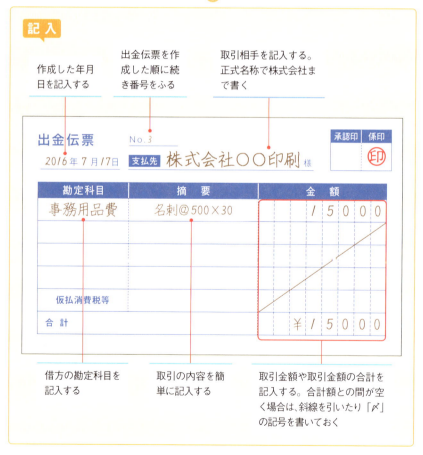

振替伝票作成の流れと記入例

取引 2016年8月23日に株式会社〇〇設備に商品100,000円分（商品セット松5,000円を20セット）を販売し、代金は掛けとした。

仕訳 売上＝収益が増えたので貸方に、売掛金＝資産が増えたので借方に入れる。

借　方	貸　方
売掛金　100,000	売上　100,000

両方、振替伝票に記入する

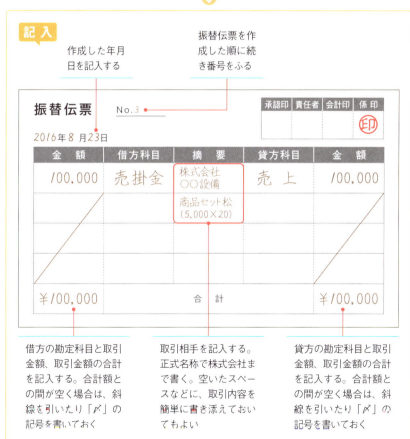

記入

- 作成した年月日を記入する
- 振替伝票を作成した順に続き番号をふる

振替伝票　No.3

2016年8月23日

金　額	借方科目	摘　要	貸方科目	金　額
100,000	売掛金	株式会社〇〇設備　商品セット松(5,000×20)	売上	100,000
¥100,000		合　計		¥100,000

- 借方の勘定科目と取引金額、取引金額の合計を記入する。合計額との間が空く場合は、斜線を引いたり「〆」の記号を書いておく
- 取引相手を記入する。正式名称で株式会社まで書く。空いたスペースなどに、取引内容を簡単に書き添えておいてもよい
- 貸方の勘定科目と取引金額、取引金額の合計を記入する。合計額との間が空く場合は、斜線を引いたり「〆」の記号を書いておく

振替伝票を使った複合仕訳が便利

複数の勘定科目が関わる取引を1枚で処理

　これまでに解説してきた仕訳は、借方と貸方に1つずつ勘定科目を記入する方法でした。これは**借方と貸方の金額が1対1の関係にある「単一仕訳」**です。会社で発生する多くの取引は、単一仕訳によって処理できます。

　しかし、なかには単一仕訳で処理すると伝票の数がとても多くなってしまう場合があります。たとえば下の図のように、「税込54,000円の商品を販売し、30,000円を現金で受け取り、24,000円を掛けとした」という取引があったとします。この場合、単一仕訳で記入すると複数の振替伝票が必要になります。しかし、**借方・貸方に複数の勘定科目を記入する「複合仕訳」を使えば、1枚の振替伝票ですべて表すことができます。**

振替伝票の記入例

 2016年9月3日に、株式会社〇〇自動車に商品50,000円（消費税4,000円）を売り、現金30,000円を受け取り24,000円を掛けとした。
※税抜方式で消費税を処理している場合

仕訳
売上＝収益が増えたので貸方に 50,000円、仮受消費税＝負債が増えたので貸方に 4,000円入れ、現金＝資産が増えたので借方に 30,000円、売掛金＝資産が増えたので借方に 24,000円入れる。

50

単一仕訳と複合仕訳を比べてみる

取引 従業員に給与を普通預金口座から振り込んだ。
※基本給 250,000 円、通勤交通費 10,000 円、給与控除分（源泉所得税 10,000 円、住民税 12,000 円、健康保険 10,000 円、厚生年金 15,000 円、雇用保険 1,000 円）

[単一仕訳]

借方	貸方
給与手当 250,000	普通預金 250,000
普通預金 10,000	預り金（所得税） 10,000
普通預金 12,000	預り金（住民税） 12,000
普通預金 10,000	預り金（健康保険） 10,000
普通預金 15,000	預り金（厚生年金） 15,000
普通預金 1,000	立替金（雇用保険） 1,000
旅費交通費 10,000	普通預金 10,000

振替伝票が7枚も必要…

[複合仕訳]

借方	貸方
給与手当 250,000	普通預金 212,000
旅費交通費 10,000	預り金（所得税） 10,000
—	預り金（住民税） 12,000
—	預り金（健康保険） 10,000
—	預り金（厚生年金） 15,000
—	立替金（雇用保険） 1,000

振替伝票が1枚でOK！

小口現金の管理で経理の基礎を身に付ける

伝票の数字と支払う現金の額を何度も確認

　宅配便の着払いや切手の購入など、日常の細々とした支払いに使うため、経理部（や各部署）に少額の現金を用意しておくことがあります。そのような**少額の現金のことを「小口現金」**といいます。

　小口現金を管理するには、経理のなかで（もしくは各部署で）支払担当者を1人決めておきます。支払担当者は、一定の現金を手提金庫に入れて厳重に保管しておきます。そして社員が経費の精算をするときなどには、支払いの事実が確認できる領収書などの証憑や、経費精算書などの申請書類とともに、経費申請をしてもらいます。**支払担当者は領収書や申請書類の内容をよく確認し、その金額と同額の現金**を手提金庫から出して社員に渡します。**渡した際には必ず受け取りのサインをもらう**ようにします。その後、小口現金出納帳への記帳も忘れずに行います。

　一日の終わりには、手提金庫のなかにどの紙幣・硬貨が何枚あるかを確かめるための「金種表」を作ります。退社する前には手提金庫を経理責任者に渡し、大型金庫にしまって管理してもらいます。

お札の数え方

1. お札の下から3分の1あたりを、左手の薬指と小指とで挟む。
2. 人差し指と親指で、お札の上から3分の1あたりを挟んで、お札の上部を後ろへ倒す。
3. 左手の親指でお札をずらしながら、右手の親指と人差し指で手前にめくるようにして数える。

小口現金管理の流れ

経理責任者が金庫から手提金庫を出し、小口現金管理担当者に渡す。

手提金庫は、鍵のかかる引き出しに入れるなどして厳重に管理する

担当者は手提金庫を受け取り、前日の金種表と照合する。

従業員から経費精算書や領収書、仮払依頼書兼精算書などを受け取り、手提金庫から出入金する。

現金の受け渡しには、必ず証票をともなう

領収書がないものは記入を忘れやすいので注意！

小口現金出納帳に記録する。

経理責任者は、金種表や手提金庫の内容を確認し、手提金庫を金庫へ戻す。

終業時に、その日の金種表を作成する。経理責任者に、前日の金種表とその日の金種表、手提金庫を渡す。

第3章 毎日行う現金と預金の管理を覚える

小口現金出納帳への記帳と現金実査は必須事項

1日の終わりに現金残高をチェック

　会社がもっている現金の残高を管理する帳簿のことを「現金出納帳（→P66）」といいますが、**手提金庫などに入った小口現金の管理には特に「小口現金出納帳」を使います**。小口現金の支払担当者は、手提金庫から入出金があった場合、小口現金出納帳にすみやかに記録しておく必要があります。

　業務終了時には、手提金庫内にどの紙幣・硬貨が何枚あるかを数え、金種表に記録します。そして、**金種表の残高と小口現金出納帳の残高が一致しているかどうかを確認する**「現金実査」を行います。

　現金実査の結果、残高が一致しない場合は、その日のうちに原因を探ります。記入ミスや記入もれ、計算ミスがないかをよく確認し、原因が究明できたら小口現金出納帳を正しく修正します。どうしても原因がわからないときは責任者に状況を報告し、「現金過不足」として処理します。

現金額が合わないときの仕訳

小口現金出納帳の残高より現金が1,000円多い。

小口現金出納帳記入時（❶）は、現金＝資産が増えているので借方に、仮の勘定科目として現金過不足を貸方に入れる。原因が受取手数料の計上もれと判明した（❷）ので、現金過不足を減らすため借方に、受取手数料を貸方に入れる。

借　方	貸　方
❶ 現金　　　　1,000	現金過不足　　1,000
❷ 現金過不足 1,000	受取手数料　　1,000

小口現金出納帳の残高より現金が1,000円少ない。

小口現金出納帳記入時（❶）は、現金＝資産が減っているので貸方に、仮の勘定科目として現金過不足を借方に入れる。原因が事務用品費の記入もれと判明した（❷）ので、現金過不足を減らすため貸方に、事務用品費を借方に入れる。

借　方	貸　方
❶ 現金過不足 1,000	現金　　　　1,000
❷ 事務用品費 1,000	現金過不足　　1,000

※現金過不足の原因が決算時でもわからなかった場合の仕訳➡P194

小口現金出納帳への記入と現金実査

[金種表]

現 金 日 計 表　2016年 7月12日

検印	検印	検印	担当印
		印	印

現 金 増 減 内 訳

前日残高	187,000円
本日入金	0円
本日出金	25,000円
本日残高	162,000円

金 種 一 覧

10,000円	15枚	150,000円
5,000円	1枚	5,000円
2,000円	0枚	0円
1,000円	5枚	5,000円
500円	1枚	500円
100円	11枚	1,100円
50円	2枚	100円
10円	29枚	290円
5円	1枚	5円
1円	5枚	5円
合 計		162,000円

日付が一致している

残高が一致している

[小口現金出納帳]

受入現金	平成(年) 月	日	摘要	支払金額	内訳 旅費交通費	荷造運賃	通信費	雑費	残高
200,000	7	1	前月繰越						
	7	6	新聞代6月分	3,000				3,000	197,000
	7	7	切手購入	10,000			10,000		187,000
	7	12	出張精算（営業部鈴木）	25,000	25,000				162,000
	7	29	荷造運搬費	20,000		20,000			142,000
58,000			補充						200,000
258,000			合計	58,000	25,000	20,000	10,000	3,000	200,000
	7	31	当月出金	58,000					
	7	31	次月繰越	200,000					

第3章 毎日行う現金と預金の管理を覚える

55

預金の種類と管理の基本を覚える

預金口座からの出金手続きは厳重にチェック

　会社の支払いや入出金などの決済の大半は、現金ではなく、銀行を通して行われます。会社が利用する預金の種類には、**「当座預金」「普通預金」「定期預金」「定期積金」**などがあります。なかでも**当座預金は、手形・小切手の代金を決済するために使う、重要な預金口座**です。手形決済の際に当座預金が残高不足になると「不渡り（→P64）」と呼ばれる事態になり、会社は一気に信用を失います。したがって当座預金の管理には注意が必要です。

　預金の入出金は「預金出納帳」で管理することが多いでしょう。会社ではふつう、複数の銀行と取引をし、メインバンクでは当座預金と普通預金など複数の口座を開設しています。その場合は**預金出納帳も銀行・口座ごとに分類して管理**します。預金口座から現金を引き出す手続きを行うのも経理の業務です。不正や紛失のリスクを抑えるために、出金前後に責任者の承認や確認を得るなど、社内ルールにもとづいた厳格な手続きを行う必要があります。

預金の種類

種 類	特 徴	
当座預金	・小切手で支払うときに、この口座から引き落とされる ・利息は付かない	日常的な入出金で使う
普通預金	・常時、預金の出し入れができる ・利息が付くが定期預金より低い	
定期預金	・一定期間預けることを約束した預金 ・利息が付く	資金の運用などに使う
定期積金	・定期的に一定金額を預け続け、満期日に支払われる預金 ・利息が付く	

経理が行う預金の管理

[残高確認]

原則として毎日、口座残高を確認し、預金出納帳の預金残高と照らし合わせます。
→P58

[資金繰り]

入金や支払いの予定を管理し、残高不足にならないように気をつけます。

[入出金の管理]

給与や支払代金の振込み、小口現金用の現金の引き出しなどを行います。最近ではインターネットバンキングを利用する会社も増えています。

[資金運用]

余裕資金を、より金利の高い定期預金などに預け替えるなど、会社のお金を活かす工夫をします。

銀行窓口で出金する場合の流れ

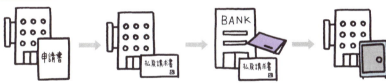

普通預金口座からの引き出しについて、申請書を作成するなどして、経理責任者などの了承を得る。

払戻請求書に記入する。銀行印を社外へ持ち出すのを避けるため、社内で記入しておくとよい。

銀行印が押された払戻請求書と通帳を持って銀行へ行き、現金を引き出す。

引き出した現金を金庫へしまい、現金を引き出したことを、預金出納帳に記入する。仕訳を行う。

普通預金口座から300,000円を引き出し、手数料160円を支払った。

現金＝資産と支払手数料＝費用が増えるので借方に入れ、普通預金＝資産が減るのでまとめて貸方に入れる。

借　方		貸　方	
現金	300,000	普通預金	300,180
支払手数料	160		

第3章 毎日行う現金と預金の管理を覚える

預金残高を確認し預金出納帳と照合する

毎日

毎日夕方に銀行残高を確認 帳簿上の金額と突き合わせる

銀行預金の管理は総勘定元帳でも行うことができますが、補助簿として預金出納帳を作っておけば、金融機関別・口座の種類別に預金の流れを知ることができるので便利です。

会社の預金口座は、仕入や公共料金の支払い、売掛金の入金などにより、日々残高が変わっています。 各口座の残高を確認し、預金出納帳の帳簿残高と一致しているかどうか照合するのも、経理の仕事のひとつです。残高の確認は電話やファックス、ファームバンキングなどを使って、銀行の営業時間終了後に行います。

銀行残高を確かめる際は、**「月末に入金予定の売掛金がきちんと入金されているか」「公共料金の支払日前に残高が足りているか」**といった点に注意して見るようにしましょう。預金残高の把握は資金繰りの基本でもあります。

預金残高と預金出納帳を照合した結果、金額が一致していなければ、どこに問題があるのか原因を探ります。記入ミスや記入もれがないかをチェックし、原因を見つけたら、預金出納帳を修正しておきます。

advice
覚えておきたい 預金にまつわる言葉

五十日［ごとおび］
毎月、5・10・15・20・25日と30日または末日のこと。日本ではこの日に決済を行う会社が多いため、金融機関が混雑しやすい。

振替［ふりかえ］
一般的に、同一名義の口座から口座へお金を動かすこと。同じ銀行内の口座から口座へ移す場合なども、振替ということがある。

口座振替［こうざふりかえ］
金融機関の口座から、水道料金やクレジットカード料金などを自動引き落としすること。

振込［ふりこみ］
金融機関に開設された口座に入金すること。現金で、または異なる銀行からの場合を指すことが多い。

ペイオフ
預金保険制度に加盟している金融機関が破綻した場合、預金保険機構が一定額を預金者に払い戻してくれる制度。

FB［ファームバンキング］
企業内に設置した専用の端末または専用のソフトを入れたパソコンや専用回線を使って、金融機関のサーバーにアクセスして取引を行う方法。

預金出納帳の記入例

△△銀行／当座預金出納帳

前月からの繰越金額は、預入と残高、両方の欄に記入する

月	日	摘要	小切手番号	預入	引出	残高
10	1	前月繰越		1,420,000		1,420,000
10	5	○○商事から仕入			120,000	1,300,000
10	7	○○産業へ買掛金を支払い	1234		350,000	950,000
10	12	現金預入		100,000		1,050,000
10	21	家賃支払			380,000	670,000
		次月繰越			537,000	
		10月合計		100,000	983,000	

月末に各合計金額を計算して記入しておく。繰越金額より上に書いてもよい

次月への繰越がある場合は、引出欄に記入する

当座預金の仕訳

買掛金350,000円を支払うため、小切手を振り出した。

当座預金＝資産が減ったので貸方に、買掛金＝負債が減ったので借方に入れる。

借方	貸方
買掛金　350,000	当座預金　350,000

家賃380,000円を当座預金口座から支払った。

地代家賃＝費用が増えたので借方に、当座預金＝資産が減ったので貸方に入れる。

借方	貸方
地代家賃　380,000	当座預金　380,000

小切手の取り扱い方法と仕訳の仕方

小切手は現金代わり。扱いには要注意

　代金を支払う方法には、現金だけではなく、「小切手」や「手形（➡P62）」があります。**小切手とは、銀行に支払業務を委託する有価証券**のこと。小切手を使って支払いを行うには、銀行に当座預金（➡P56）の口座を開き、専用の小切手帳を発行してもらう必要があります。

　取引先から小切手を受け取ったときは、「現金」の増加として仕訳します。なお記入内容に不備があると無効になってしまうので、小切手を受け取る際は日付や振出人名をきちんと確認する必要があります。**受け取った小切手を振出日の翌日から10日以内に銀行に持ち込む**ことで、額面の金額を現金または預金口座で受け取ることができます。

　自社が取引先に小切手を振り出した場合は、後日、その額が当座預金から引き落とされることになるので、当座預金の残高を減らす仕訳処理をします。

小切手に記載されているもの

耳と呼ばれ、振り出した側に残る部分。備忘録として記入しておく

振り出した会社が当座預金口座を開設している銀行・支店名とその所在地

金額はチェックライターで印字するか、漢数字で記載。後ろに「※」などをつける

割印を押す

振出処理をした場所。支払地と同じことが多い

振り出した側の会社名、代表者名、銀行印

小切手を受け取ったときの流れと仕訳

売上の計上
⬇
小切手の受け取り
⬇
売掛金の消し込み
⬇
小切手管理簿への記入。銀行で取立依頼
⬇
入金確認。小切手管理簿の消し込み
⬇
仕訳処理

商品50,000円分を販売し、掛けとした（❶）。その後、代金として小切手を受け取り（❷）、当座預金口座に預け入れた（❸）。

取引時は（❶）、売上＝収益が増えたので貸方に、売掛金＝資産が増えたので借方に入れる。小切手を受け取ったら（❷）、現金＝資産が増えたので借方に、売掛金＝資産が減ったので貸方へ入れて売掛金の消し込み（➡P150）を行う。預け入れたら（❸）、現金＝資産が減ったので貸方へ、当座預金＝資産が増えたので借方へ入れる。

借　方		貸　方	
❶ 売掛金	50,000	売上	50,000
❷ 現金	50,000	売掛金	50,000
❸ 当座預金	50,000	現金	50,000

小切手を振り出したときの流れと仕訳

仕入の計上
⬇
小切手の振り出し
⬇
買掛金の消し込み
⬇
銀行口座から引き落とされる
⬇
引き落されたのを確認

商品50,000円分を仕入れ、掛けとした（❶）。その後、代金として小切手を振り出し（❷）、決済された。

取引時は（❶）、仕入＝費用が増えたので借方に、買掛金＝負債が増えたので貸方に入れる。小切手を振り出したら（❷）、買掛金＝負債が減ったので借方に、当座預金＝資産が減ったので貸方へ入れて買掛金の消し込み（➡P102）を行う。口座から代金が引き落とされたときは、何も仕訳しない。

借　方		貸　方	
❶ 仕入	50,000	買掛金	50,000
❷ 買掛金	50,000	当座預金	50,000

第3章 毎日行う現金と預金の管理を覚える

61

手形の種類と決済までの流れ

期日を指定できるのが手形

　小切手（→P60）と同じく、現金代わりに使える有価証券に「手形」があります。小切手と手形の最大の違いは、決済日です。小切手は受け取った人が銀行に持ち込めばすぐに現金化されるため、支払期日は決められていません。これに対して**手形は、振出人が支払期日を指定し、その期日が来なければ受取人は現金化できません**。

　手形には「約束手形」と「為替手形」の2種類があります。**約束手形とは、振出人が受取人に対して、記載した金額を支払うことを約束した手形**のこと。受取人が期日に約束手形を銀行に持ち込むと、振出人の当座預金口座から額面金額が引き落とされ、決済されます。**為替手形は、振出人が自分以外の者を支払人として指定し、額面金額を受取人に支払うように依頼する手形**です。関係者が2人なのが約束手形で、3人いるのが為替手形と覚えましょう。

約束手形に記載されているもの

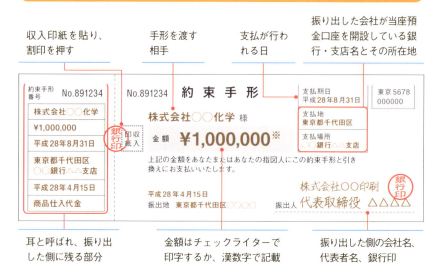

62

約束手形と為替手形の違い

[約束手形]

[為替手形]

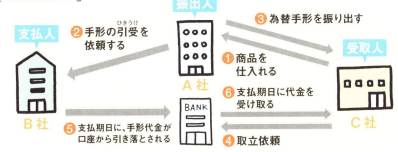

約束手形の仕訳

商品60,000円分を販売し、約束手形を受け取った。（普通預金口座で受け取り）

約束手形を受け取ったときは(❶)、売上＝収益が増えたので貸方に、受取手形＝資産が増えたので借方に入れる。入金されたとき(❷)は、受取手形＝資産が減ったので貸方に、普通預金＝資産が増えたので借方に入れる。

借　方	貸　方
❶ 受取手形　60,000	売上　60,000
❷ 普通預金　60,000	受取手形　60,000

商品60,000円分を仕入れ、約束手形を振り出した。

約束手形を振り出したときは(❶)、仕入＝費用が増えたので借方に、支払手形＝負債が増えたので貸方に入れる。代金引き落とし時は(❷)、支払手形＝負債が減ったので借方に、当座預金＝資産が減ったので貸方に入れる。

借　方	貸　方
❶ 仕入　60,000	支払手形　60,000
❷ 支払手形　60,000	当座預金　60,000

手形を現金化する方法は複数ある

早く現金化したり、第三者に譲渡したりできる

　手形を現金化する基本的な方法は、指定された期日に手形を銀行に持ち込む「取立」です。手形の取立は、指定期日を含め3営業日以内に行う必要があります。期日を忘れてしまうおそれがあるので、事前に手形を銀行に預けておく方法が一般的です。なお期日に支払人の当座預金残高が不足していると、受取人はお金を受け取ることができず、「手形の不渡り」となります。換金できなくなった手形を「不渡手形」と呼びます。

　手形の期日は2カ月や3カ月先になることも多いため、**より早く現金化したいと思う受取人もいます。そんな場合は「割引」という方法を使います。**手形を銀行に持ち込んで買い取りを申し込めば、利息相当分の手数料を支払うことですぐに現金化できます。

　また取立や割引とは別に、**手形を第三者への支払いに使う方法もあります。これを手形の「裏書」といいます。**第三者へ渡す際には、手形の裏面に署名・捺印し、受取人の名前などを記入します。裏書された手形のことを特に「裏書手形」といいます。

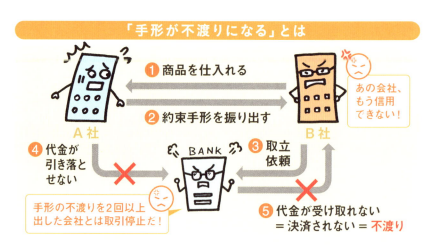

「手形が不渡りになる」とは

手形の割引と仕訳

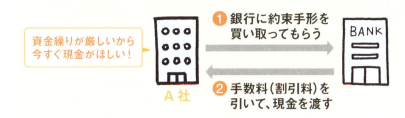

300,000円分の約束手形を銀行で割引し、
割引料9,000円を引いた額が当座預金口座に入金された。

受取手形＝資産が減ったので貸方に、当座預金＝資産が増えたので借方に、手形売却損＝費用が増えたので借方に入れる。

借　方	貸　方
当座預金 291,000円	受取手形 300,000円
手形売却損 9,000円	

手形の裏書と仕訳

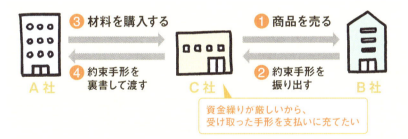

商品100,000円分を売り、約束手形を裏書譲渡された。

売上＝収益が増えたので貸方に入れ、受取手形＝資産が増えたので借方に入れる。

借　方	貸　方
受取手形 100,000円	売上　　100,000円

商品100,000円分を仕入れ、代金に約束手形を裏書して渡した。

仕入＝費用が増えたので借方に、受取手形＝資産が減ったので貸方に入れる。

借　方	貸　方
仕入　　100,000円	受取手形 100,000円

現金出納帳に毎日のお金の出入りを記入する

帳簿の残高と金庫の残高を一致させる

　日々の現金の動きを継続して記録する帳簿が**「現金出納帳（すいとうちょう）」**です。役割や帳簿の付け方はすでに述べた「小口現金出納帳（→P54）」と同じです。会社によっては、経理担当者が多額の現金を金庫で管理し、各部署の支払担当者が、経費の精算などに使う細かい現金を手提金庫（てさげ）で管理するというように、担当を分けていることがあります。そのようなケースでは、現金出納帳と小口現金出納帳を作って管理することになります。

　現金出納帳では、**1日の入出金を締めたら差引残高を計算し、実際の残高と現金出納帳の残高が合っているかを確認します。**

現金出納帳の記入例

支払いや入金があった日付を記入する

支払いや入金の相手と内容を記入する

差引残高と実際の現金の残高が一致することを確認する

月	日	勘定科目	摘要	預入	引出	残高
9	1		前月より繰越			75,000
	3	消耗品費	○○ドラッグストアでトイレットペーパーなど購入		1,500	73,500
	7	売掛金	○○ストアより売掛金を回収	50,000		123,500
	10	普通預金	預金引き出し	100,000		223,500
	30	買掛金	○○商事へ買掛金を支払い		100,000	125,000
			当月計	450,000	400,000	125,000
			次月繰越			125,000

仕訳で現金の反対側にくる勘定科目を記入する

第 4 章

日々発生する経費精算は勘定科目がポイント

経理の業務のなかでも、比較的よく発生するのが経費精算。
業種や業態により、よく発生する経費はさまざまで、
会社によっては独自の勘定科目を設定している場合もあります。
ここでは、代表的な経費の勘定科目と、仕訳上の注意点をまとめています。

よく使う経費の種類と処理方法を把握する

経費は税金の額に大きく関係する取引

　日常業務のなかで発生した費用や、収益を得るために支払った費用のことを「経費」といいます。具体的には、**通勤交通費や福利厚生費といった「会社での一般管理のための経費（一般管理費）」**と、荷造運賃や広告宣伝費といった**「商品や製品の販売のための経費（販売費）」の2種類**に分けられます。**損益計算書（➡P208）では「販売費及び一般管理費」**と示されます。なお、商品を仕入れたり製品を製造したりするために発生する費用は経費ではなく、「売上原価（➡P150）」に区分されます。

　次のページからはいくつかの代表的な経費を挙げていますが、ほかにもいろいろな種類の経費があり、会社によってその経費が含む範囲も異なります。よく発生する経費には、会社独自の勘定科目を設定することもあります。

　経費は法人税額（➡P204）に大きな影響を与えます。法人税はおおむね収益から費用を差し引いた金額に課税されるからです。正しく税金を払うために、その経費が適切な支出かどうか、きちんと確認する必要があります。

主な経費の種類

一般管理のための経費
- 事務用品費
- 消耗品費
- 旅費交通費
- 通信費
- 福利厚生費
- 法定福利費
- 修繕費
- 支払保険料
- 租税公課
- 賃借料
- 新聞図書費
- 車両費・車両関係費
- 諸会費
- 支払手数料
- 交際費
（取引先への接待、慶弔・贈答など）
- 会議費　など

商品や製品の販売のための経費
- 荷造運賃
- 広告宣伝費
- 販売手数料　など

経費にならないもの
- 借入金の返済
- 敷金などの保証金
- 法人税などの一部の税金や罰金
- 固定資産の購入にかかった費用
- 来期に使うものの費用

事務用品費

事務作業で使う文房具やコピー用紙、名刺などの購入費用のこと。金額的に大きくない場合は、P70で説明する「消耗品費」に含めて管理しても問題ありません。

事務用品費が増えた（発生した）取引の仕訳
➡ 費用が増えたので借方に入れる

例 コピー用紙を5,000円分購入し、現金で支払った。

事務用品費＝費用が増えたので借方に、現金＝資産が減ったので貸方に入れる。

借 方	貸 方
事務用品費　5,000	現金　5,000

事務用品費に仕訳されるもの
鉛筆、ボールペン、マジック、消しゴム、はさみ、のり、定規、クリップ、ホチキス、印鑑、ゴム印、名刺、名刺フォルダー、穴あけパンチ、クリアフォルダ、ノート、コピー用紙、封筒、請求書用紙、納品書用紙、小切手帳、手形帳、電卓、プリンターのインクやトナー　など

よくある相手科目
現金、普通預金、当座預金、貯蔵品、未払金　など

事務用品費の処理は臨機応変に

☑「消耗品費」との分け方

大きな問題になることは少ないので、適宜に振り分けて大丈夫です。ただし、同じものを「事務用品費」に仕訳したり「消耗品費」に仕訳したりしないよう注意。

☑ 期末に残った事務用品の扱い

期末に未使用のものがあっても、普段使用している程度の量であれば「貯蔵品」へ振り替える（➡ P71、207）必要はありません。ただし、特別に一括購入したために大量に余っている場合などは、「貯蔵品」へ振り替えます。
事務用品を大量に処分するときは、処分にかかった費用や貯蔵品に計上していた分を、処分後に「雑費」などで計上します。

消耗品費

使用可能年数が1年未満または10万円未満の物品の購入費用のこと。机やイスなど、「消耗品」という言葉のイメージとは異なるものでも、購入金額が10万円未満であれば消耗品費として処理します。

消耗品費が増えた（発生した）取引の仕訳
→ 費用が増えたので借方に入れる

例 電気レンジを60,000円で購入し、現金で支払った。

消耗品費＝費用が増えたので借方に、現金＝資産が減ったので貸方に入れる。

借　方	貸　方
消耗品費　60,000	現金　60,000

消耗品費に仕訳されるもの
コップ、皿、電子レンジ、電気ポット、加湿器、乾電池、電球、時計、ホワイトボード、机、イス、作業台、本棚、ロッカー、マット、食器用洗剤、トイレットペーパー、タオル、スリッパ、作業用手袋、掃除機、自転車、運搬用台車、携帯電話、固定電話、LANケーブル、CD、DVD、パソコン、パソコン周辺機器、ソフトウェア、懐中電灯、防災用品、消火器、インテリア雑貨、工具、工具箱、会社に飾る花、作業服　など

よくある相手科目
現金、普通預金、当座預金、貯蔵品、未払金　など

その他の仕訳例

● 30,000円のデジタルカメラを購入し、社長個人のカードで支払った。

消耗品費＝費用が増えたので借方に、社長に対する未払金＝負債が増えたので貸方に入れる。

借　方	貸　方
消耗品費　30,000	未払金　30,000

● 消耗品費として計上していた蛍光灯が期末に未使用で50,000円分残っていたので、貯蔵品に振り替えた。

消耗品費＝費用が減るので貸方に、貯蔵品＝資産が増えるので借方に入れる。

借　方	貸　方
貯蔵品　50,000	消耗品費　50,000

消耗品費は固定資産との区別に注意

☑「消耗品費」にならないものに注意

耐用年数1年以上で、取得価額が10万円以上のものは、資産のなかでも「固定資産」という区分に計上され、減価償却（➡P134）の対象となります。取得価額は1個または1セットで考えるので、たとえばソファ2脚とテーブル1台からなる15万円の応接セットは、固定資産に計上されます。

消耗品と資産の分類チャート

1年以上使用できる
 → いいえ → ○消耗品費に仕訳する
 ↓ はい
購入するのに10万円以上かかった
 → いいえ → ○消耗品費に仕訳する
 ↓ はい
✕ 固定資産に計上する

☑ ポイントカード割引の扱い

ポイントカードなどの割引を利用して購入した場合は、値引きと考え、定価から値引き分を引いた金額（実際にお金を支払った額）を計上します。ポイントカードのポイントのみで購入した場合は、特に仕訳の必要はありません。

☑ 業種特有の経費は勘定科目を別に設定

飲食業の洗剤代や殺虫剤代は「衛生費」、理容・美容業の接客用の生花や雑誌代は「サービス費」といったように、その業種特有で多くかかる経費は、別の勘定科目を設定して処理するのがおすすめです。

旅費交通費

業務上で使用した電車代、バス代、タクシー代、宿泊費などの費用です。地方出張の際に支給する出張手当もこのなかに含みます。社員の通勤にかかる交通費を「通勤交通費」として分けて管理する場合もあります。

旅費交通費が増えた（発生した）取引の仕訳
→ 費用が増えたので借方に入れる

例 取引先までの電車代2,000円を現金で支払った。

旅費交通費＝費用が増えたので借方に、現金＝資産が減ったので貸方に入れる。

借　方		貸　方	
旅費交通費	2,000	現金	2,000

旅費交通費に仕訳されるもの

通勤のための交通費、定期券、回数券、電車代、バス代、タクシー代、高速道路料金、有料道路通行料金、駐車場代、ガソリン代、船賃、航空券、空港使用料、海外出張旅費、出張支度金、出張日当、滞在費、転勤旅費、帰省旅費　など

よくある相手科目

現金、普通預金、当座預金、仮払金、未払金　など

その他の仕訳例

● 出張から帰った従業員に、出張日当10,000円を現金で支払った。

旅費交通費＝費用が増えたので借方に、現金＝資産が減ったので貸方に入れる。

借　方		貸　方	
旅費交通費	10,000	現金	10,000

● 新幹線通勤をしている役員に、通勤手当120,000円を現金で支給している。

旅費交通費＝費用と役員報酬＝費用が増えたので借方に、現金＝資産が減ったので貸方に入れる。

借　方		貸　方	
旅費交通費	100,000	現金	120,000
役員報酬	20,000		

旅費交通費はまず非課税限度額を覚える

☑ 通勤交通費には非課税限度額がある

従業員の通勤にかかる交通費には、距離や運賃によって所得税法上、非課税となる限度額が決まっているため、超過分は給与(「給与手当」「役員報酬」)として扱われ所得税が課税されます。

1カ月分の交通費の非課税限度額

区分		非課税限度額
交通機関または有料道路の利用者		合理的な運賃等の額(最高 100,000 円)。通勤手当として現物支給する場合も同様
自動車、自転車など交通用具の使用者(距離別の区分による)	片道 55km 以上	31,600 円
	片道 45km 以上 55km 未満	28,000 円
	片道 35km 以上 45km 未満	24,400 円
	片道 25km 以上 35km 未満	18,700 円
	片道 15km 以上 25km 未満	12,900 円
	片道 10km 以上 15km 未満	7,100 円
	片道 2km 以上 10km 未満	4,200 円
	片道 2km 未満	全額課税
交通機関使用者の通勤用定期乗車券		1カ月当たりの合理的な運賃等の額(最高 100,000 円)
交通機関または有料道路を利用しており、交通用具も使用している者		合理的な運賃等の額と通勤距離別の区分にもとづく額との合計額(最高 100,000 円)

☑ Suica などのチャージ代の取り扱い

交通費だけに使うことに決めたとしても、実際にはほかのことにも使えてしまいます。また、チャージしたときに交通費が発生するわけではないので、旅費交通費に計上するかは会社によって判断が分かれます。チャージ時は「仮払金」とし、実際に使ったときに「旅費交通費」としてあらためて計上するのもひとつの方法です。また、チャージ時に旅費交通費で仕訳したときは、翌月に繰り越すときに繰越金額を「仮払金」に振り替えます。

☑ 接待で発生したタクシー代の取り扱い

接待したときに発生したタクシー代は「交際費」に、接待されたときに発生したタクシー代は「旅費交通費」に仕訳します。

交際費

取引先を新たに開拓したり、取引先との関係を良好にするために、接待や贈答、慶弔時の祝儀などに支出されるものを「交際費」といいます。税法上、限度額が決められているため、安易な交際費の計上には注意が必要です。

交際費が増えた（発生した）取引の仕訳
→ 費用が増えたので借方に入れる

例 取引先との会食費50,000円を個人のカードで支払った。

交際費＝費用が増えたので借方に、未払金＝負債が増えたので貸方に入れる。

借　方		貸　方	
交際費	50,000	未払金	50,000

交際費に仕訳されるもの

接待飲食費、取引先への手土産代、取引先との宴会費用、接待時の送迎交通費、接待ゴルフのプレー料金、開店祝いの御花代、事務所移転祝い、御中元、御歳暮、贈答用の商品券、取引先への祝金、取引先への見舞金、取引先への香典、取引先への謝礼、取引先への餞別、取引先との親睦旅行代、取引先の観劇招待、ライオンズクラブ会費、ロータリークラブ会費　など

よくある相手科目

現金、普通預金、当座預金、貯蔵品、前払費用、未払金、未払費用　など

その他の仕訳例

● 得意先への手土産代5,000円を現金で支払った。

交際費＝費用が増えたので借方に、現金＝資産が減ったので貸方に入れる。

借　方		貸　方	
交際費	5,000	現金	5,000

● 得意先への御歳暮代30,000円を現金で支払った。

交際費＝費用が増えたので借方に、現金＝資産が減ったので貸方に入れる。

借　方		貸　方	
交際費	30,000	現金	30,000

交際費の仕訳は慎重に

☑ 交際費になるものとならないものに注意

「交際費」として仕訳するものと間違えやすいものがあるので、きちんと覚えておきましょう。

交際費にするものとしないもの

⭕ 交際費にするもの

- 得意先との接待
  … 接待時の飲食代や手土産代、送迎にかかる費用など
- 得意先へ慶弔・贈答
  … 冠婚葬祭での祝儀や御中元・御歳暮、御見舞いなど
- 得意先を招いての慰安
  … 取引先との旅行やゴルフ、マージャンの費用など
- そのほか
  … 記念行事などの費用、マンション建設に際して近隣住民の同意を得るために使った飲食費など

❌ 交際費にしないもの

- 会議費
  … 会議や打ち合わせで出した食事などの費用
- 寄附金
  … 社会事業団体や政治団体への寄附、神社祭礼などへの寄附
- 広告宣伝費
  … 抽選で一般の人に食事をプレゼントした場合など、不特定多数を対象にした場合
- 福利厚生費
  … 社外の人を含まない、従業員だけの旅行や行事、従業員やその家族への祝儀や香典
- 売上の割戻（わりもどし）
  … 得意先に対する売上代金の返戻（へんれい）。お金で割戻した場合は売上の割戻（➡P120）、食事や旅行への招待でした場合は交際費になる

☑ 社外の人との飲食費でも、「会議費」にする場合がある

1人当たり5,000円以下で、「①飲食した年月日　②飲食代と飲食店の名称・所在地　③参加した社外の相手の会社名や氏名・関係（仕入先など）　④飲食に参加した人数」が書かれた書類を保存していれば、「会議費」に仕訳する。

☑ 取材にかかった費用は「取材費」の勘定科目（かんじょうかもく）を立てる

出版物や放送番組を制作するための取材で発生した飲食費や交通費、謝礼金は、「取材費」に仕訳します。

第4章　日々発生する経費精算は勘定科目がポイント

会議費

社内外で会議を開催するときにかかる飲食代や会議室使用料などの費用のこと。同じような会食でも、「交際費（➡ P74）」に仕訳するものと「会議費」に仕訳するものは明確に分かれるので、基準を覚えておきましょう。

会議費が増えた（発生した）取引の仕訳
➔ 費用が増えたので借方に入れる

例 商品説明会の会場代150,000円を普通預金口座から振り込んだ。

会議費＝費用が増えたので借方に、普通預金＝資産が減ったので貸方に入れる。

借　方		貸　方	
会議費	150,000	普通預金	150,000

会議費に仕訳されるもの

取引先との打ち合わせ代、会議での茶菓子代、会議での食事代や弁当代、会議でのお茶・コーヒー代、会議室使用料、会場使用料、会議通知費用、プロジェクターやマイクなどの機材使用料　など

よくある相手科目

現金、普通預金、当座預金、未払金　など

その他の仕訳例

● 取引先との商談に使った喫茶店のコーヒー代1,200円を現金で支払った。

会議費＝費用が増えたので借方に、現金＝資産が減ったので貸方に入れる。

借　方		貸　方	
会議費	1,200	現金	1,200

● 社内のランチミーティング用に弁当を購入し、20,000円を現金で支払った。

会議費＝費用が増えたので借方に、現金＝資産が減ったので貸方に入れる。

借　方		貸　方	
会議費	20,000	現金	20,000

● 貸会議室の使用料10,000円を会社のカードで支払った。

会議費＝費用が増えたので借方に、未払金＝負債が増えたので貸方に入れる。

借　方	貸　方
会議費　　10,000	未払金　　10,000

「交際費」との違いをまず覚える

☑「交際費」に仕訳する接待と「会議費」にする接待の違い

社外の人を含む接待でも、条件を満たせば「会議費」として仕訳します。下の表を参考に、覚えておきましょう。

会議費と交際費の区分

	会議・打ち合わせの場合	交際・接待の場合
1人5,000円超	会議費	交際費
1人5,000円以下	会議費	会議費　※くわしい条件は➡P75

☑ 飲食店で従業員のみで打ち合わせをした場合

飲食店で従業員のみの打ち合わせをし、「会議費」として計上する場合は、打ち合わせだったことがわかるよう議事録などを残すようにしましょう。

☑ 会議後に別の会議を開催した場合

最初の会議と次の会議の場所が別々の場合は、それぞれを分けて、1人5,000円以下になるかを考えます。会議後に飲み会を開いた場合も同様です。

☑ 採用面接などでかかった費用

面接者に支給した往復の交通費や昼食代は、「会議費」で仕訳できます。また内定者を食事に招待した場合も、1人5,000円以下であれば「会議費」に仕訳できます。採用前に行う研修の費用は「会議費」に仕訳しますが、研修後の飲食をともなう反省会などの費用は1人5,000円以下であれば「会議費」に、5,000円超なら「交際費」に仕訳します。

☑ 会議で発生した飲食代以外の費用も「会議費」に

会議を開催するためにかかった、会議場の使用料やマイク、プロジェクターの使用料なども、「会議費」に仕訳します。

福利厚生費

従業員の働く意欲を高めたり、働きやすい職場環境をつくったりするために使う費用のこと。福利厚生費は、従業員全員に平等に支出したものでなければなりません。

福利厚生費が増えた（発生した）取引の仕訳
→ 費用が増えたので借方に入れる

例　2泊3日の社員旅行代300,000円を普通預金口座から振り込んだ。

福利厚生費＝費用が増えたので借方に、普通預金＝資産が減ったので貸方に入れる。

借　方	貸　方
福利厚生費　300,000	普通預金　300,000

福利厚生費に仕訳されるもの
社員旅行代、忘年会費、運動会費、サークル活動費、社員食堂代、慰安食事代、食事代の補助、社員寮費、保養施設費、健康診断、常備薬など医薬品、予防接種、制服、会社内の清掃料金、会社内のお茶・コーヒー代、残業時夜食代、会社内の慶弔費、会社内の祝金、会社内の見舞金、会社内の香典、教育訓練費、研修費　など

よくある相手科目
現金、普通預金、当座預金、貯蔵品、前払費用、未払金、未払費用　など

非課税となる条件を満たして節税を

☑「福利厚生費」が非課税になる場合

「福利厚生費」のなかには、所得税法上、非課税となるために条件があるものがあります。また福利目的でも特定の従業員のみが受け取る褒賞金などは、給与となることがあります。

福利厚生費が非課税となる条件

- **社員旅行** … 4泊5日以内で従業員の50％以上が参加していること
- **人間ドック** … 全従業員か一定年齢以上の従業員全員に実施していること
- **従業員食事代** … 半額以上を従業員が負担していて、会社負担月額3,500円以下
- **社宅家賃** … 賃貸料相当額の半額以上を従業員が負担していること

78

通信費

電話代、インターネット関連費、郵便料金など、社内外を問わず通信を行うためにかかった費用のこと。ダイレクトメールの発送にかかる郵便料金は、通信費ではなく「広告宣伝費（→ P91）」で処理します。

通信費が増えた（発生した）取引の仕訳
⇒ 費用が増えたので借方に入れる

例 プロバイダー料金10,000円が普通預金口座から引き落とされた。

通信費＝費用が増えたので借方に、普通預金＝資産が減ったので貸方に入れる。

借　方		貸　方	
通信費	10,000	普通預金	10,000

通信費に仕訳されるもの
電話代、携帯電話代、切手、ゆうパック、電報料金（祝電・お悔み電報は除く）、速達料金、書留料金、内容証明、宅配便、国際郵便、エアメール、プロバイダー料金、サーバー料金、ドメイン使用料、ケーブルテレビ加入料金、Wi-Fi使用料、インターネット関連費　など

よくある相手科目
現金、普通預金、当座預金、貯蔵品、前払費用、未払費用、未払金　など

郵便もインターネットも「通信費」

☑ 切手やはがきをまとめて購入したときの仕訳

実際に使用していなくても、購入したときに全額を「通信費」として計上します。期末に未使用分が多い場合は、「貯蔵品」へ振り替えます。

☑ 荷造運賃との違い

発送するものが商品・製品なら「荷造運賃」、書類などであれば「通信費」に仕訳します。

☑ 海外への通話料は免税

国内の通話料は消費税が課税されますが、海外への通話料は免税になるので、注意しましょう。

賃借料

車両、機械、パソコンなど、土地・建物以外のレンタルやリースにかかった費用のこと。リース契約の内容によっては、賃借料として認められない場合もあるので注意が必要です。

賃借料が増えた（発生した）取引の仕訳
→ 費用が増えたので借方に入れる

例 作業用機材を150,000円で借り、現金で支払った。

賃借料＝費用が増えたので借方に、現金＝資産が減ったので貸方に入れる。

借　方		貸　方	
賃借料	150,000	現金	150,000

賃借料に仕訳されるもの
レンタル料、リース料、什器のレンタル料、機械や工具の賃借料、イベント機材レンタル料、販売スペース使用料、絵画や観葉植物のレンタル料、制服レンタル料、レンタカー代、貸金庫料　など

よくある相手科目
現金、普通預金、当座預金、前払費用、未払金、未払費用　など

その他の仕訳例

● **コピー機のリース料金30,000円が、当座預金から引き落とされた。**

賃借料＝費用が増えたので借方に、当座預金＝資産が減ったので貸方に入れる。

借　方		貸　方	
賃借料	30,000	当座預金	30,000

● **レンタカー代金20,000円を会社のカードて支払った。**

賃借料＝費用が増えたので借方に、未払金＝負債が増えたので貸方に入れる。

借　方		貸　方	
賃借料	20,000	未払金	20,000

賃借料が減った取引の仕訳
➡ 費用が減ったので貸方に入れる

例 レンタル契約を解除したため、30,000円の返金が普通預金口座に振り込まれた。

賃借料＝費用が減ったので貸方に、普通預金＝資産が増えたので借方に入れる。

借　方	貸　方
普通預金　30,000	賃借料　30,000

よくある相手科目
現金、普通預金、当座預金、立替金、前払費用、長期前払費用　など

賃借料に仕訳されるもの
科目振替、未経過のレンタル料や貸借料　など

その他の仕訳例

● 契約よりも1カ月早く返却したため、10,000円の返金が普通預金口座に振り込まれた。

賃借料＝費用が減ったので貸方に、普通預金＝資産が増えたので借方に入れる。

借　方	貸　方
普通預金　10,000	賃借料　10,000

Check! 賃借料以外の勘定科目を使うことも

☑ 家賃は「賃借料」に入れないことが多い

土地や建物を借りたときの家賃は、「地代家賃」の勘定科目を立てて使うことが多いです。

☑ 経費に計上できるリース料の条件

期間中のリース料金の合計が、「リース物件を購入した場合にかかる金額＋付随費用」の90％以上となり、かつ解約禁止である取引をファイナンス・リースといいます。この場合、すぐに経費計上することができません（資産として計上したあと、減価償却をして経費計上します）。このほかのリース契約の費用は、リース料としてすぐに経費計上できます。

修繕費
しゅうぜん

建物や機械、車両など「有形固定資産(→ P130)」のメンテナンスや修理にかかった費用のこと。あくまでも通常の維持・補修のために使った費用に限られます。修繕にかかった費用がすべて「修繕費」ではないので注意が必要。

修繕費が増えた(発生した)取引の仕訳
→ 費用が増えたので借方に入れる

例 リース契約しているコピー機のメンテナンス費用30,000円が普通預金口座から引き落とされた。

修繕費＝費用が増えたので借方に、普通預金＝資産が減ったので貸方に入れる。

借　方	貸　方
修繕費　　30,000	普通預金　　30,000

修繕費に仕訳されるもの
メンテナンス費、維持管理費、原状回復費、定期点検、保守点検、解体費、移設費、外壁塗装、部品の取り換え、制服の直し　など

よくある相手科目
現金、普通預金、当座預金、前払費用、長期前払費用、未払金、未払費用　など

修繕費で計上できるかどうかに注意

☑ **修理・修繕でも修繕費にならないことがある**

修理や修繕でも、性能をアップさせるような修理や用途変更のための模様替えなどは、資本的支出とみなし「機械装置」「建物」などに仕訳されます。

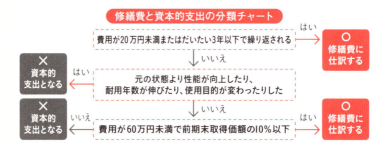

支払保険料

法律で支払いが義務づけられている「社会保険料（→ P170）」とは別に、会社が任意で加入している保険の料金を「支払保険料」といいます。保険の種類や掛け方によっては、「給与」として処理しなければならない場合もあります。

支払保険料が増えた（発生した）取引の仕訳
→ 費用が増えたので借方に入れる

例 営業用の車の自動車保険 50,000 円を現金で支払った。

支払保険料＝費用が増えたので借方に、現金＝資産が減ったので貸方に入れる。

借　方	貸　方
支払保険料　50,000	現金　　　　50,000

支払保険料に仕訳されるもの
火災保険料、損害保険料、損害賠償責任保険料、生命保険料、養老保険料、定期保険料、共済掛金、盗難保険料、自動車任意保険料、医療保険料、運送保険料、輸送海上保険料、生産物賠償責任保険料　など

よくある相手科目
現金、普通預金、当座預金、前払費用、長期前払費用、未払金、未払費用　など

医療保険料

生命保険料

共済掛金

種類や支払期間で処理方法が異なる

☑ 経費にならない保険料がある

経費に計上できる保険料は、原則として掛け捨てタイプのもの。積立タイプのものは「保険積立金」として資産に仕訳します。具体的な処理方法は、商品パンフレットなどを参考にしましょう。

☑ 来期以降の保険料も一括で支払った場合

原則として、今期中の分のみ「支払保険料」として経費に、来期以降の分は「前払費用」や「長期前払費用」として計上します。ただし、支払日から 1 年以内の分は「支払保険料」として経費に計上できます。

租税公課

法人税・住民税（➡ P204）など以外の税金や、収入印紙（➡ P115）、住民票発行手数料、交通反則金など、公的な手数料の支払いのこと。「租税公課」に含まれない税金や罰金もあるので、間違えないようにしましょう。

租税公課が増えた（発生した）取引の仕訳
➔ 費用が増えたので借方に入れる

例 収入印紙を8,000円分購入し、現金で支払った。

租税公課＝費用が増えたので借方に、現金＝資産が減ったので貸方に入れる。

借　方		貸　方	
租税公課	8,000	現金	8,000

租税公課に仕訳されるもの

収入印紙、住民票発行手数料、印鑑証明書発行手数料、車庫証明手数料、戸籍証明書発行手数料、公的な手数料、パスポート発行手数料、ビザ取得費、自動車取得税、自動車重量税、自動車税、固定資産税、都市計画税、登録免許税、不動産取得税、利子税、懲罰的な税金や罰金（延滞金、延滞税、重加算税、過少申告加算税、駐車違反のレッカー代、交通反則金、印紙税の過怠税など）、公的団体の会費　など

よくある相手科目

現金、普通預金、当座預金、貯蔵品、前払費用、未払金、未払費用　など

その他の仕訳例

● 金券ショップで収入印紙5,000円分を4,500円で購入した。

租税公課＝費用が増えたので借方に、現金＝資産が減ったので貸方に入れる。

※差額の500円を計上する必要はありません。

借　方		貸　方	
租税公課	4,500	現金	4,500

● 自動車税70,000円を現金で支払った。

租税公課＝費用が増えたので借方に、現金＝資産が減ったので貸方に入れる。

借　方		貸　方	
租税公課	70,000	現金	70,000

● 固定資産税の税額が決まり、総額200,000円のうち、第1期分の50,000円を現金で納付した。

租税公課＝費用が増えたので借方に、現金＝資産が減ったのと未払金＝負債が増えたので貸方に入れる。

借　方	貸　方
租税公課　200,000	現金　　50,000
	未払金　150,000

租税公課が減った取引の仕訳
➡ 費用が減ったので貸方に入れる

例 未使用の収入印紙50,000円分を、貯蔵品に振り替えた。

租税公課＝費用が減ったので貸方に、貯蔵品＝資産が増えたので借方に入れる。

借　方	貸　方
貯蔵品　50,000	租税公課　50,000

よくある相手科目
貯蔵品、立替金、前払費用　など

租税公課に仕訳されるもの
科目振替、家事費振替　など

租税公課に仕訳できないものを押さえる

☑ **税金を計算するとき経費から外されるものがある**

懲罰的な税金や罰金は、税を計算するときに経費からのぞかれます。

☑ **税金でも「租税公課」にならないものがある**

法人税・住民税・事業税は、租税公課ではなく「法人税等」などの勘定科目で計上します。

☑ **経費に計上するタイミング**

土地・建物は1月1日、自動車は4月1日に所有しているものに対して、固定資産税・都市計画税や自動車税が課されます。納税通知書を受け取った日に全額計上するか、支払った日に支払った金額だけ計上するか、どちらでもかまいません。これは一括納付でも分割納付でも同様です。

地代家賃

オフィスや店舗、工場、倉庫、社宅、駐車場などを借りているときに支払う賃料・共益費のこと。ただし一時的にコインパーキングを借りる場合などは「旅費交通費（➡ P72）」で処理します。

地代家賃が増えた（発生した）取引の仕訳 ➡ 費用が増えたので借方に入れる

例 事務所家賃と共益費の計150,000円を現金で支払った。

地代家賃＝費用が増えたので借方に、現金＝資産が減ったので貸方に入れる。

借　方		貸　方	
地代家賃	150,000	現金	150,000

地代家賃に仕訳されるもの
店舗家賃、事務所家賃、倉庫賃借料、借地料、駐車場賃借料、車庫代、レンタルスペース家賃、臨時社宅の家賃　など

よくある相手科目
現金、普通預金、当座預金、前払費用、長期前払費用、未払金、未払費用　など

新聞図書費

業務上必要とされる新聞、業界誌、書籍、雑誌などの購入費用のこと。雑誌の定期購読や有料情報サービスの料金もこれに含みます。調査などの目的で購入した書籍などは、「調査費」など、別勘定で処理することもあります。

新聞図書費が増えた（発生した）取引の仕訳 ➡ 費用が増えたので借方に入れる

例 資料書籍代9,000円を現金で支払った。

新聞図書費＝費用が増えたので借方に、現金＝資産が減ったので貸方に入れる。

借　方		貸　方	
新聞図書費	9,000	現金	9,000

新聞図書費に仕訳されるもの
新聞購読料、書籍代、雑誌代、雑誌などの定期購読料、地図代、統計資料代、図書カード、有料サイト会員費、メールマガジン購読料、データベース利用料　など

よくある相手科目
現金、普通預金、当座預金、貯蔵品、前払金、未払金　など

諸会費

会社の業務に関連して加入している業界団体や組合、商工会などに支払う会費のこと。社交的要素が高く、業務と直接関係のない会合の会費は「諸会費」ではなく「交際費（➡ P74）」とみなされます。

‖ 諸会費が増えた(発生した)取引の仕訳 ⊙ 費用が増えたので借方に入れる ‖

例 **商工会議所の会費12,000円を現金で支払った。**

諸会費＝費用が増えたので借方に、現金＝資産が減ったので貸方に入れる。

借 方		貸 方	
諸会費	12,000	現金	12,000

諸会費に仕訳されるもの
組合費、組合協賛金、同業者団体会費、法人会会費、商工会議所会費、分担金、自治会費、友の会会費、カード年会費　など

よくある相手科目
現金、普通預金、当座預金、前払費用、未払金、未払費用　など

寄附金

会社の業務とは直接関係がなく、見返りを求めずに会社が金銭や物品を贈与したときの費用のこと。町内会のイベントへの協賛なども、広告宣伝効果がない場合は寄附金に含まれます。

‖ 寄附金が増えた(発生した)取引の仕訳 ⊙ 費用が増えたので借方に入れる ‖

例 **災害義捐金50,000円を現金て寄附した。**

寄附金＝費用が増えたので借方に、現金＝資産が減ったので貸方に入れる。

借 方		貸 方	
寄附金	50,000	現金	50,000

寄附金に仕訳されるもの
指定寄附金、各種募金、無償供与、義捐金、学校や研究機関への寄附、寺社の祭礼への寄附、日本赤十字社などへの寄附、NPO法人への寄附、政治団体への拠出金　など

よくある相手科目
現金、普通預金、当座預金　など

第4章　日々発生する経費精算は勘定科目がポイント

車両費

ガソリン代、オイル交換、車検、自動車保険料など、車両の使用や維持管理に関係する費用のこと。総額が少ない場合は、自動車税は「租税公課（➡ P84）」、ガソリン代は「旅費交通費（➡ P72）」などとすることもできます。

車両費が増えた（発生した）取引の仕訳 ➡ 費用が増えたので借方に入れる

例 社用車のガソリン代 10,000 円を会社のカードで支払った。

車両費＝費用が増えたので借方に、未払金＝負債が増えたので貸方に入れる。

借 方		貸 方	
車両費	10,000	未払金	10,000

車両費に仕訳されるもの
ガソリン代、オイル交換代、車検代、車両修理代、車両整備代　など

よくある相手科目
現金、普通預金、当座預金、貯蔵品、未払金　など

雑費

経費のうち、ほかのどの勘定科目にも当てはまらない費用、発生頻度や金額が少なく重要ではない費用などをまとめて「雑費」として管理します。雑費は「販売費及び一般管理費」の 5％ 程度までに抑えるのが目安です。

雑費が増えた（発生した）取引の仕訳 ➡ 費用が増えたので借方に入れる

例 事務所移転の際の不要物を廃棄物処理業者に 50,000 円で引き取ってもらい現金で支払った。

雑費＝費用が増えたので借方に、現金＝資産が減ったので貸方に入れる。

借 方		貸 方	
雑費	50,000	現金	50,000

雑費に仕訳されるもの
移転費用、転勤費用、求人広告代、ごみ処理券、廃棄物処理代、有線放送、信用調査費、建て替えにともなう立ち退き料　など

よくある相手科目
現金、普通預金、当座預金、未払金　など

支払手数料

金融機関の振込にかかる手数料のほか、弁護士や税理士の報酬、コンサルタント料、不動産業者に払う仲介手数料などのこと。なお商品の販売のために要した手数料や仲介料は「販売手数料」（費用）として別勘定で処理します。

支払手数料が増えた(発生した)取引の仕訳 ➔ 費用が増えたので借方に入れる

例 仕入代金を普通預金口座から振り込む際、振込手数料200円がかかった。

支払手数料＝費用が増えたので借方に、普通預金＝資産が減ったので貸方に入れる。

借　方		貸　方	
支払手数料	200	普通預金	200

支払手数料に仕訳されるもの

振込手数料、送金手数料、為替手数料、仲介手数料、コンサルタント料、業務委託料、加盟店手数料、鑑定費用、監査報酬、クレジットカード売上手数料、ネットショップ出店費、弁護士相談料、司法書士報酬、公認会計士報酬　など

よくある相手科目

現金、普通預金、当座預金、前払費用、長期前払費用、未払金、未払費用　など

販売手数料

販売代理店や仲介業者などに、製品やサービスの取引量や金額に応じて、あらかじめ交わされた契約にもとづいて支払われる手数料のこと。

販売手数料が増えた(発生した)取引の仕訳 ➔ 費用が増えたので借方に入れる

例 特約店の販売員に、今月の売上に対する販売手数料50,000円を現金で支払った。

販売手数料＝費用が増えたので借方に、現金＝資産が減ったので貸方に入れる。

借　方		貸　方	
販売手数料	50,000	現金	50,000

販売手数料に仕訳されるもの

委託販売の手数料、自動販売機の販売手数料、販売代理店への販売手数料、紹介料、情報提供料など

よくある相手科目

現金、普通預金、当座預金、前払費用、未払金、未払費用　など

第4章 日々発生する経費精算は勘定科目がポイント

荷造運賃

商品の運送や梱包にかかる費用のこと。運送にかかる費用を「運賃」、梱包にかかる費用を「荷造費」として別々に処理する場合もあります。発送するものが商品以外なら「通信費」として仕訳します。

荷造運賃が増えた(発生した)取引の仕訳
→ 費用が増えたので借方に入れる

例 商品を宅配便で発送し、送料1,000円を現金で支払った。

荷造運賃＝費用が増えたので借方に、現金＝資産が減ったので貸方に入れる。

借　方		貸　方	
荷造運賃	1,000	現金	1,000

荷造運賃に仕訳されるもの
ダンボール箱、木箱、梱包用材料、包装材料、緩衝材、結束バンド、バイク便、航空便、船便、輸出関係手数料、倉庫代　など

よくある相手科目
現金、普通預金、当座預金、貯蔵品、前払費用、未払金、未払費用　など

その他の仕訳例

商品を商品代金10,000円＋送料500円で販売して代金は掛けとし(❶)、宅配会社に送料を現金で支払った(❷)。

取引時(❶)は、売上＝収益が増えたので貸方に、売掛金＝資産が増えたので借方に入れる。
送料支払時(❷)は、荷造運賃＝費用が増えたので借方に、現金＝資産が減ったので貸方に入れる。

	借　方		貸　方	
❶	売掛金	10,000	売上	10,000
❷	荷造運賃	500	現金	500

「荷造運賃」は販売する側が使う

☑ 販売する側は「荷造運賃」、購入する側は「仕入」に仕訳する

「荷造運賃」はあくまで販売する・発送する側が使う勘定科目なので、商品購入時にかかった送料は「仕入」として仕訳します。

広告宣伝費

商品やサービスの販売促進を目的とした広告宣伝のための支払いのこと。広告宣伝費は一般の消費者など不特定多数の人に対して使う広告宣伝の費用であり、特定の人を対象にした「交際費（➡ P74）」とは区別します。

広告宣伝費が増えた（発生した）取引の仕訳
➡ 費用が増えたので借方に入れる

例 得意先に配った社名入りカレンダーの印刷費200,000円を普通預金口座から振り込んだ。

広告宣伝費＝費用が増えたので借方に、普通預金＝資産が減ったので貸方に入れる。

借　方	貸　方
広告宣伝費　200,000	普通預金　200,000

広告宣伝費に仕訳されるもの
会社案内、パンフレット、チラシ・リーフレット、広告写真撮影、ダイレクトメール制作・発送、メールマガジン、CM、ホームページ制作、広告看板、中吊広告、広告物の制作・広告出稿料、見本品、試供品、カレンダーなどの社名入りノベルティ、広告宣伝のための懸賞の賞金や賞品、スポーツ大会などの協賛金、講演会開催費用、展示会出品料、福引券印刷代　など

よくある相手科目
現金、普通預金、当座預金、貯蔵品、前払費用、長期前払費用、未払金、未払費用　など

「広告宣伝費」と間違いやすいものに注意

☑ 「広告宣伝費」に仕訳されるものとされないもの

「広告宣伝費」のように思えても、「交際費」や「固定資産（➡ P130）」などに仕訳されるものもあります。

広告宣伝費と間違いやすいもの
- 得意先など特定の会社・人を対象にしたものは「交際費」
- 看板や広告塔などのうち、施設購入に10万円以上かかったものは「固定資産」
- 会社設立から営業開始までの間にかかった宣伝費用は「開業費」

報酬・料金の支払いにも源泉徴収は必要

毎月 | 毎年

年末には支払調書と法定調書合計表を作成

　支払いが発生する相手は会社だけでなく、個人の場合もあります。たとえば税理士や弁護士、イラストレーターなどです。**社外の個人に仕事を頼んで報酬・料金を支払う場合、あらかじめ所得税（⇒ P174）を差し引いてから支払います**。これを「源泉徴収」といいます。源泉徴収税額は、報酬や料金の内容、支払う金額によっても異なってくるので注意が必要です。

　会社は源泉徴収をしたら、その翌月10日までに税務署に納付する必要があります。毎年1月には、**その前年1年間に支払った報酬額と源泉徴収額を記載した「支払調書」を相手先別に2枚ずつ作成**。1枚は支払った相手に、もう1枚は税務署に提出します。

報酬・料金の源泉徴収と年末処理の流れ

取引発生時

源泉徴収する
源泉徴収後の金額を個人に支払う。

支払調書を支払先に送付
支払先の個人に、作成した支払調書を1部ずつ送付する。

年末処理時

支払調書を作成
年末までに支払調書を2部ずつ作成しておく。

法定調書合計表とともに支払調書を税務署に提出
翌年1月31日までに、法定調書合計表とともに支払調書を1部ずつ、税務署に提出する。

源泉徴収が必要な主な報酬・料金

報酬・料金の種類	源泉徴収額
原稿料、講演料、イラスト料、デザイン料、作曲料、翻訳料、著作権使用料　など	報酬額 × 10.21% ※1回の支払額が100万円を超える場合、超えた分に対しては20.42%
弁護士、税理士、公認会計士、社会保険労務士、弁理士、建築士、測量士などへの報酬・料金	
スポーツのレッスン料や芸事の教授料	
芸能人や芸能プロダクションを営む個人への報酬・料金	
専属契約などにより一時的に支払われる契約金	
司法書士、土地家屋調査士、海事代理士への報酬・料金	（1回の報酬額 − 1万円）× 10.21%
保険外交員や検針員、集金人への報酬・料金	（各月分の報酬額 − 12万円）× 10.21%
広告宣伝のための賞金	（賞金などの額 − 50万円）× 10.21% ※物品で支払う場合は、その物品の通常販売価格の60%相当を賞金などの額とする

※法人が受け取る報酬で源泉徴収されるのは、競馬の馬主の賞金のみ。

源泉徴収するときの仕訳

弁護士料金100,000円を源泉徴収してから、普通預金口座から振り込んだ。

費用＝支払手数料が増えたので借方に、普通預金＝資産が減ったのと預り金＝負債が増えたので貸方に入れる。

借　方		貸　方	
支払手数料	100,000	普通預金	89,790
		預り金	10,210

ライター（個人事業主）の原稿料50,000円を源泉徴収してから、普通預金口座から振り込んだ。

外注費＝費用が増えたので借方に、普通預金＝資産が減ったのと預り金＝負債が増えたので貸方に入れる。

借　方		貸　方	
外注費	50,000	普通預金	44,895
		預り金	5,105

第4章　日々発生する経費精算は勘定科目がポイント

従業員の立替経費精算の基本ルールを押さえる

社内ルールを徹底し期日までにきちんと提出させる

　従業員が業務を行うなかで、電車賃やタクシー代、打ち合わせのための食事代などの経費が発生し、その経費を従業員が一時的に立て替えることがあります。このような立替経費は、月末などにまとめて精算し、経理では内容を確認したうえでその金額を従業員に返します。この**「立替経費精算」は経理業務のなかでも初歩的な業務のひとつ**なので、きちんとマスターしましょう。

　立替経費の精算の際には、まず従業員に、社内ルールに基づいた**立替経費精算書を領収書と一緒に提出してもらいます**。決められた期日までに提出してもらうよう、提出期限をメールなどで知らせておくことも大切です。

　経理は立替経費精算書と領収書を受け取ったら、記載内容に誤りがないか確認し、支払額を確定。責任者の承認を経てから、支払い手続きを取ります。現金で支払う会社もありますが、振込みで支払うほうが経理の負担を軽減できます。

　立替経費の仕訳処理には「旅費交通費」「消耗品費」「交際費」「会議費」などを用います。

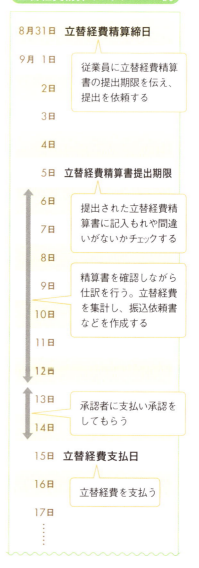

立替経費精算のスケジュール例

- 8月31日　立替経費精算締日
- 9月1日〜2日　従業員に立替経費精算書の提出期限を伝え、提出を依頼する
- 3日
- 4日
- 5日　立替経費精算書提出期限
- 6日〜7日　提出された立替経費精算書に記入もれや間違いがないかチェックする
- 8日
- 9日〜10日　精算書を確認しながら仕訳を行う。立替経費を集計し、振込依頼書などを作成する
- 11日
- 12日
- 13日〜14日　承認者に支払い承認をしてもらう
- 15日　立替経費支払日
- 16日　立替経費を支払う
- 17日

立替経費精算用書類の記入例

立替経費精算書の書式は会社によって異なる。ひとつの書式で勘定科目ごとに分けて記入する場合もあれば、交通費専用、交際費専用など、特定の経費専用の書式を用意しておく場合もある

領収書が付けられないものの場合

電車賃やバス代など、領収書が発行されない交通費は、訪問先や乗車区間も記入した交通費精算書にまとめるとよい。冠婚葬祭で使った祝儀や香典などの費用も領収書が発行されないので、立替経費精算書や出金伝票にまとめ、招待状やお礼状などを保存しておくとよい

仕訳の訂正処理の仕方

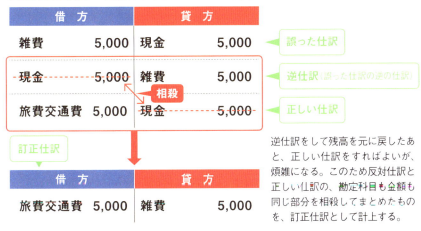

逆仕訳をして残高を元に戻したあと、正しい仕訳をすればよいが、煩雑になる。このため反対仕訳と正しい仕訳の、勘定科目も金額も同じ部分を相殺してまとめたものを、訂正仕訳として計上する。

適宜 毎月

仮払いの精算はできるだけすみやかに行う

出張や接待の際に前もって渡す「仮払金」

　飛行機を使った出張や接待など、高額な経費がかかる場合には、従業員がその額を立て替えるのは大変です。そこで、**必要な経費を概算して、会社が従業員に前もって渡しておくことがあります。これを「仮払い」**といいます。仮払いを受けた従業員には、出張や接待を終えたら、仮払金の精算をする手続きをしてもらいます。

　仮払いの流れは次のようになります。まず従業員は「仮払申請書」を作成して経理に渡します。経理は仮払申請書を受け取ったら、内容と金額を確認し、責任者の承認を得たうえで仮払金を渡します。

　従業員は出張や接待から戻ったら、「仮払経費精算書」と領収書、差額のお金を経理に提出します。経理は、内容と金額、また社内規程と照らし合わせて適切な金額が使われているかをチェックします。

　月末時には、未精算の仮払金がないかを確認します。**業務が終了しているのに仮払精算を終了していない人がいたら、すみやかに手続きをするようアナウンス**しましょう。

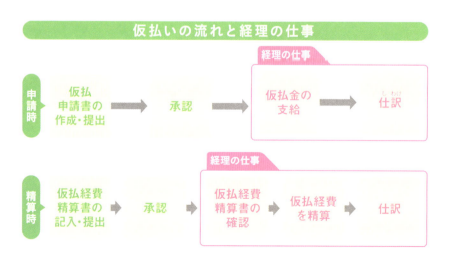

仮払いの流れと経理の仕事

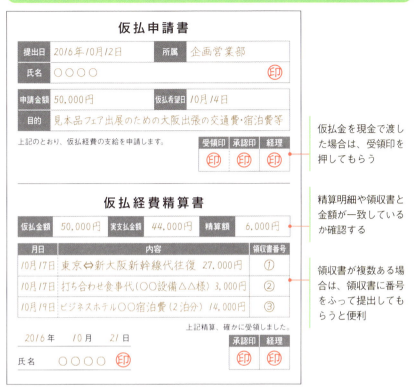

仮払いの仕訳

仮払い時：出張旅費50,000円を仮払いした。

仮払金＝資産が増えたので借方に、現金＝資産が減ったので貸方に入れる。

借　方		貸　方	
仮払金	50,000	現金	50,000

仮払精算時：出張旅費50,000円の仮払いに対し、交通費や宿泊費など44,000円使ったと報告を受け、残額6,000円を現金で受け取った。

仮払金＝資産が減ったので貸方に、旅費交通費＝費用と現金＝資産が増えたので借方に入れる。

借　方		貸　方	
旅費交通費	44,000	仮払金	50,000
現金	6,000		

経理に求められる情報管理と守秘義務

「ついうっかり…」が重大な事態に発展！

　最近、情報漏えいに関するニュースをよく耳にします。情報漏えいは、会社の存続に関わる事態につながってしまいます。従業員は、社内の情報に対して守秘義務があることを理解しておく必要があります。

　特に経理担当者は、企業の売上や利益、借入額、取引先に関する情報など、企業にとっての機密情報を知りえる立場にいます。また、従業員の給与や賞与の額、家族構成などの個人情報も扱う仕事です。書類やデータの利用・保管、メールの送受信なども慎重に行う必要があります。

　自分では重要ではないと思っても、社外の人にとっては重要な情報となることもあります。「うちの社長が最近外車を買って…」などと知り合いに話すことも個人情報の漏えいです。意図的な漏えいは犯罪ですが、「うっかり」で漏らした場合も、解雇につながることがあります。重要な情報を扱っているという緊張感をもって仕事に当たりましょう。

第5章
何かを買ったり売ったりするたびに記録する

会社の活動を数字で表すのが経理なら、
仕入や売上の管理は、まさに主要業務。
「掛け」「計上基準」「割戻」など、耳慣れない言葉も増えてくるので、
しっかり意味と処理の仕方を覚えておく必要があります。
計上基準などは、本書を参考に自分の会社はどうか、確認しておきましょう。

仕入業務の流れと買掛金管理

会社の仕入基準は毎期継続する

　卸売・小売業などが商品を販売するときや製造業が製品を作るときには、その前提として商品や原材料をほかの会社から購入する必要があります。このように**商品や原材料を仕入れることを「仕入業務」**と呼びます。仕入業務の流れは会社の業態や規模によってさまざま。経理担当者は自社の仕入業務の流れを把握しておくことが大切です。

　商品の注文から支払いまでの仕入業務の流れのなかで、どの時点で「仕入れた」という仕訳をすればいいでしょうか。**仕入計上の基準はいくつかありますが、どの基準を適用しているかは会社によって異なります。** どの基準を適用するにしても、一度決めた基準は毎期継続する必要があります。

　仕入業務は大まかに発注業務と会計処理に分かれます。発注業務では、仕入れた商品が発注したものと一致しているかを確認する作業や、仕入れた機械などが正常に動くか検査する「検収」が重要です。**経理担当者は仕入計上、支払処理といった買掛金管理（➡ P102）** を担当します。

仕入計上のタイミング

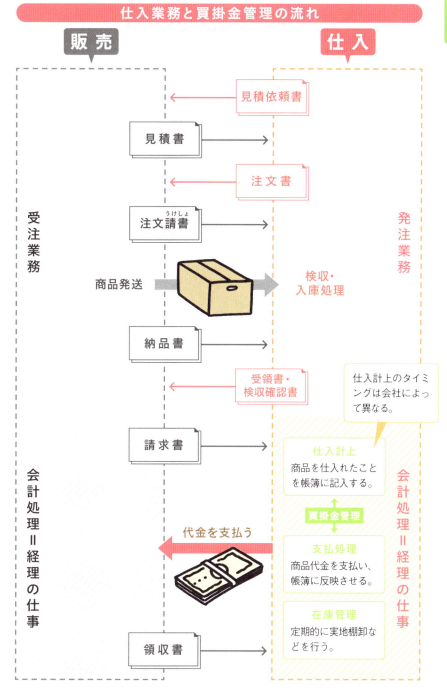

仕入計上と買掛金管理のポイント

買掛金は支払時期や残高をきちんと管理

　会社間の取引は一般的に、掛け（代金後払い）で行われています。その**後払いで仕入れたときの代金のことを「買掛金」**といいます。特に経理は仕入業務のなかでも、買掛金管理（仕入計上や支払処理）を担当します。

　注文した商品が納入されると、仕入先から経理部門に請求書が送られてきます。経理担当者は、請求書の金額が正しいかどうか確認してから、振替伝票（→P50）に記入するなどして、仕入を計上します。借方の勘定科目は「仕入」、貸方の勘定科目は「買掛金」となります。次に買掛金元帳（→P105）を使っている場合は、そちらに転記します。買掛金元帳は、取引先ごとの買掛金を管理するための補助簿です。

　支払期日になったら、銀行窓口で振込手続きを行うなどして、代金を支払います。支払いが完了したら、仕入計上の際に貸方に記入した買掛金を、今度は借方に記入する仕訳（＝買掛金の消し込み）を行います。

　買掛金は、商品を仕入れたときに発生し、代金を支払うことによって消滅します。取引先や買掛金が多い場合には、間違いや支払い忘れのないように、買掛金の残高や支払期限をきちんと管理する必要があります。**買掛金支払予定表などを作っておくと買掛金の残高管理がしやすくなります。**

advice 在庫管理と経理

仕入れたものの検収や保管・管理は経理ではなく、関連業務を行う部署で行うことが多いでしょう。それでも在庫管理は経理の仕事に大きく関わってきます。たとえば、決算時に棚卸を行って、売上原価（→P150、200）を計上するためには、在庫の把握はかかせません。

買掛金管理の流れ

請求書の内容を
納品書と照合する

仕入計上
- 振替伝票を起票する、
  または仕訳帳に記入する。
- 仕入帳や買掛金元帳
  などに転記する。

買掛金支払予定表
や買掛金管理簿などを
作成し、支払日や
支払方法の管理を行う。

買 掛 金 を 支 払 う

支払処理
- 振替伝票を起票する、
  または仕訳帳に記入する。
- 買掛金元帳などに転記する。

- 買掛金を支払ったら金額を
  確認し、消し込みを行う。
- 支払期日と実際の支払日を
  記入する欄を作ったりして、
  支払完了までを管理できる
  ようにするのも便利。

買掛金支払予定表の記入例

買掛金支払予定表

2016 年 11 月分

支払先	当月支払金額	支払期日	支払予定					支払済
			現金	小切手	振込	手形	手形満期日	
○○製菓	20,000	11月18日	20,000					
○○商事	1,200,000	11月21日				1,200,000	1月22日	

第5章 何かを買ったり売ったりするたびに記録する

買掛金発生時と支払い時の仕訳

商品を税込7,560円で仕入れ、代金は掛けとした。

税込処理方式

仕入＝費用が増えたので借方に、買掛金＝負債が増えたので貸方に入れる。

借　方	貸　方
仕入　　7,560	買掛金　　7,560

税抜処理方式

仕入＝費用と仮払消費税＝資産が増えたので借方に、買掛金＝負債が増えたので貸方に入れる。

借　方	貸　方
仕入　　7,000	買掛金　　7,560
仮払消費税　560	

「仮払消費税」は、取引の際に支払う消費税を計上するための資産の勘定科目。税抜処理方式で消費税を処理している場合に使います（➡P204）

税込7,560円で仕入れた商品の買掛金を、普通預金口座から振り込んだ。

買掛金＝負債が減ったので借方に、普通預金＝資産が減ったので貸方に入れる。

借　方	貸　方
買掛金　　7,560	普通預金　　7,560

買掛金 300,000円を支払う際、支払先に手付金 100,000円を前払いしていたので、残額 200,000円分小切手を振り出して支払った。

手付金の支払い時（❶）は、前払金＝資産が増えたので借方に、現金＝資産が減ったので貸方に入れる。仕入計上時（❷）は、仕入＝費用が増えたので借方に、買掛金＝負債が増えたのと前払金の消し込みを行うので貸方に入れる。小切手振出時（❸）は、当座預金＝資産が減ったので貸方に、買掛金＝負債が減ったので借方に入れる。

借　方	貸　方
❶ 前払金　100,000	現金　　100,000
❷ 仕入　　300,000	買掛金　200,000
	前払金　100,000
❸ 買掛金　200,000	当座預金　200,000

買掛金元帳の記入例

- 買掛金が発生した日（仕入計上した日）を記入する
- 買掛金が発生したら貸方欄に、支払ったら借方欄に金額を記入する
- 取引後の残高を記入する

株式会社○○製作所

2016年11月分

日付	摘要	借方	貸方	借/貸	残高
11月1日	前月繰越		200,000	貸	200,000
11月8日	仕入（△△ネジ×5セット）		100,000	貸	300,000
11月10日	仕入（△△板×500枚）		500,000	貸	800,000
11月15日	仕入（△△ネジ×1セット）		20,000	貸	820,000
11月17日	現金	120,000		貸	700,000
11月22日	普通預金	200,000		貸	500,000
	次月繰越		500,000		
	11月合計	520,000	1,020,000		

- 月末になったら摘要欄に「次月繰越」と入れる
- 買掛金の残高がプラスの場合は「貸」、支払額が多すぎて残高がマイナスになってしまった場合は「借」と入れる

第5章 何かを買ったり売ったりするたびに記録する

advice　買掛金管理のポイント

代金の支払いが遅れてしまうと、会社の信用を損ねてしまいます。月初めに1カ月分の支払予定を確認するなどして、支払期日に遅れないようにしましょう。また、支払うためのお金が足りないということがないように、必要な額をあらかじめ見積もって用意しておくことも大切です。

|知識|

販売業務の流れと売掛金管理

売上計上のタイミングを間違えないこと

　商品・サービスを提供し、その見返りとして代金を受け取ることで会社は成り立っています。このようにして得た稼ぎのことを「売上」と呼びます。**売上に関連する「販売業務」は会社の基本業務**です。

　商品が売買されるときは、販売側と仕入側で見積書や納品書などの書類が複数発行されます。これは各プロセスにおいて間違いやトラブルが起きないよう、証拠を残しておくためです。販売業務の一連の流れのなかで販売側の経理担当者は、売上計上、入金管理といった「売掛金管理」を担当します。

　売上が発生したら売上として仕訳処理しますが、注意すべきはその計上時期。売上は、商品やサービスが提供された時点で発生するものと考えますが、いくつかの基準があります。会社によってどれを採用しているかは異なりますが、**一度採用した基準は継続して適用される**必要があります。

売上計上のタイミング

注文を受けたとき
⬇
商品を出荷したとき ― **出荷基準**
⬇
商品を引き渡したとき ― **引渡基準**
相手先から受け取った受領書の日付
⬇
検収をうけたとき ― **検収基準**
相手先から受け取った検収確認書の日付
⬇
代金を請求したとき
⬇
代金を回収したとき ― **回収基準**

売上は、商品やサービスが提供された時点で計上されます。これを「実現主義」といいます。販売契約を交わしただけでは計上されません

試運転が必要な大型機械などでよく使われる

割賦販売など特殊な業態のみに認められている

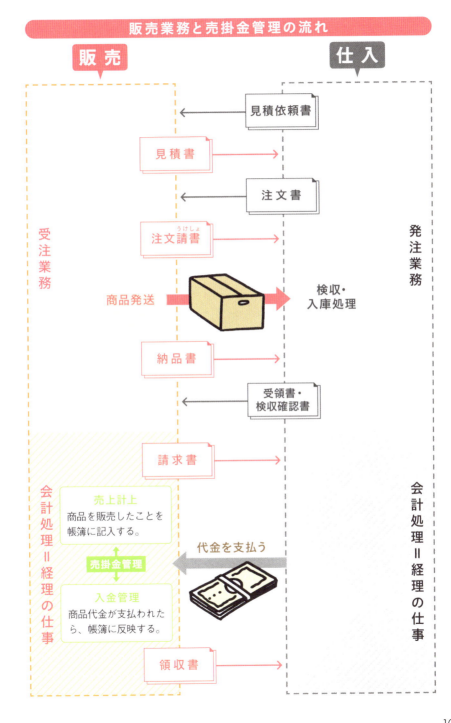

売上計上と売掛金管理のポイント

適宜

売掛金(うりかけきん)は回収してはじめて現金になる

　会社間で商品を販売する際、代金をあとから請求する掛けで取引するのが一般的です。商品を掛けで販売したときの、まだ回収していない代金のことを「売掛金」と呼びます。販売業務のなかで経理担当者は、売上の計上や代金の回収状況のチェックといった作業を通して売掛金管理を行います。

　売上計上は、**計上基準（➡P106）に応じて、出庫伝票や受領書などが経理に届いた時点で処理**します。ただし販売先や販売件数が多いと手間が増えてしまうので、まず営業部門がデータを1カ月分まとめ、それを経理部門が一括して処理する「バッチ処理」を行っている会社も多くあります。

　売上計上した売掛金は、代金を回収するまでは未収のままです。もし代金の回収ができなければ、たとえ売上高が多くて黒字の会社であっても倒産してしまうこともあります。売掛金を確実に回収することは、会社にとって非常に重要です。そこで、**「いつ、何を、いくらで、誰に販売したか」「いつ代金を回収するか」を把握する売掛金管理**が大切になります。

advice　締切日と決算

月次決算（➡P148）は、月末締切が原則です。けれど販売管理の事情などから、右のように月末以外に締切日を設けている企業も。この場合は、売上を月末区切りで集計し直す必要があります。ただし、月次決算のためだけに集計し直すのは、非効率的。そこで期首または期末のみに調整を行い、期中は締切日ごとのデータを使うのが一般的です。

| 6/21 | 7/1 | 7/20 | 7/31 |

販売管理上の7月の売上

月次決算時、6月21～30日分をマイナスする

月次決算時、7月20～31日分をプラスする

本来の7月の売上

売掛金管理の流れ

請求書を発行する

売上計上
- 振替伝票を起票する、または仕訳帳に記入する。
- 売上帳や売掛金元帳などに転記する。

売掛金回収予定表 や売掛金管理簿などを作成し、回収日や回収方法の管理を行う。

売掛金が支払われる

入金管理
- 振替伝票を起票する、または仕訳帳に記入する。
- 売掛金元帳などに転記する。

- 売掛金が支払われたら、入金日などを記入する。
- 売掛金が支払われたら金額を確認し、消し込みを行う。

売掛金回収予定表の記入例

売掛金回収予定表

2016 年 11 月分

得意先	請求日	請求書No.	売上金額	回収明細					回収日
				現金	小切手	振込	相殺	その他	
○○物産株式会社	9月30日	1234	324,000	324,000					10月12日
株式会社△△	10月7日	1235	180,000						
○○サービス株式会社	10月12日	1236	237,000						

第5章 何かを買ったり売ったりするたびに記録する

売掛金発生時と回収時の仕訳

商品を税込10,800円で販売し、代金は掛けとした。

税込処理方式

売上＝収益が増えたので貸方に、売掛金＝資産が増えたので借方に入れる。

借　方		貸　方	
売掛金	10,800	売上	10,800

税抜処理方式

売上＝収益と仮受消費税＝負債が増えたので貸方に、売掛金＝資産が増えたので借方に入れる。

借　方		貸　方	
売掛金	10,800	売上	10,000
		仮受消費税	800

税込10,800円で販売した商品の売掛金が、普通預金口座に振り込まれた。

売掛金＝資産が減ったので貸方に、普通預金＝資産が増えたので借方に入れる。

借　方		貸　方	
普通預金	10,800	売掛金	10,800

「仮受消費税」は、取引の際に受け取る消費税を計上するための負債（流動負債）の勘定科目。税抜処理方式で消費税を処理している場合に使います。仮受消費税は売上発生時にのみ計上し、回収時には計上しません

**税込10,800円で販売した商品の売掛金から
振込手数料216円を引いた額が、普通預金口座に振り込まれた。**

売掛金＝資産が減ったので貸方に、普通預金＝資産と支払手数料＝費用と仮払消費税＝資産が増えたので借方に入れる。

借　方		貸　方	
普通預金	10,584	売掛金	10,800
支払手数料	200		
仮払消費税	16		

振込手数料を負担したときは、「支払手数料」の勘定科目で計上します。振込手数料分の消費税（この場合は16円）は仮払消費税としておき、期末に精算します

売掛金元帳の記入例

売掛金が発生した日（売上計上した日）を記入する

売掛金が発生したら借方欄に、支払われたら貸方欄に金額を記入する

取引後の残高を記入する

株式会社○○物産

2016年11月分

日付	摘要	借方	貸方	借/貸	残高
11月1日	前月繰越	200,000		借	200,000
11月8日	売上（Aセット×10個）	100,000		借	300,000
11月10日	売上（Bセット×20個）	1,000,000		借	1,300,000
11月15日	売上（△△×1セット）	50,000		借	1,350,000
11月17日	普通預金		300,000	借	1,050,000
11月22日	普通預金		500,000	借	550,000
	次月繰越	350,000			
	11月合計	1,350,000	1,000,000		

月末になったら摘要欄に「次月繰越」と入れる

売掛金の残高がプラスの場合は「借」、振込額のミスなどで過大に支払われてマイナスになった場合は「貸」と入れる

第5章 何かを買ったり売ったりするたびに記録する

advice 売掛金管理のポイント

回収期限日までにきちんと売掛金が入金されているかは、売掛金管理のポイントのひとつ。期日までにきちんと回収されないと、会社の資金繰りに悪影響を与えかねません。期日どおりに入金されなかった場合は、営業担当者に連絡し、すみやかに催促してもらうようにしましょう。

請求書を発行して代金を回収する

忘れずに請求書を発行して、確実に回収する

　得意先に対して、**販売した商品の代金を回収する際に、納品書などとともに発行するのが「請求書」**です。請求書を発行するタイミングは、商品を納入したつど発行する「都度請求」と、1カ月分をまとめて一定の締め日に発行する「合計請求」があります。**請求方法は取引先ごとの取り決めで異なっているので、発行の際は確認するようにしましょう。**

　請求書の内容に間違いがあると、代金を正しく回収できなくなってしまいます。また、請求書の発行を忘れてしまうと、代金を永久に回収できず、会社の資金繰りにも影響が出てしまうので、確実に発行する必要があります。

　請求書を作成する際は、得意先に送る分と自社に保管する分の2部を作成します。自社保管分は入金管理のために使ったり、問い合わせに対応する際に参照したりします。

advice 請求書郵送時の宛名の書き方

請求書を郵送するときは、封筒の表に「請求書在中」と添え書きをしておくとよいでしょう。文字の色は、朱書きが基本です。重要書類が入っていると認識されやすくなるので、紛失や見落としを防ぐことができます。

会社や部署宛てに送るときは「御中」、担当者個人宛てに送るときは「様」をつけます。担当者の氏名がわかっている場合は、名前まで書くほうがていねいです。

また請求書だけを送るのではなく、添え状などをつけるようにしましょう。

請求書の作成例

第5章 何かを買ったり売ったりするたびに記録する

相手の会社名を記入。略さずに正式な名称を入れる

請求書の通し番号を入れておくと、問い合わせ対応の際などに便利

自社名の横に社印を押す

No.1234
2016年8月○日

請 求 書

株式会社○○サービス 御中

〒102-○○○○
東京都千代田区○○ △丁目△番△号
○○産業株式会社

社印

下記のとおりご請求申し上げます。

ご請求金額　　¥129,600

品　名	数　量	単　価	金　額
商品Aセット	20	1,000	20,000
商品Bセット	10	2,000	20,000
商品Cセット	4	20,000	80,000
		小計	120,000
		消費税	9,600
		合計	129,600

お手数ですが、お支払いは10月15日までに下記口座にお振り込みください。

○○銀行△△支店　普通預金　口座番号○○○○○○○○
○○産業株式会社　（○○サンギョウカブシキガイシャ）

振込先の金融機関と、支店名、口座の種類、口座番号を明記する

113

きちんとした領収書でトラブルを防ぐ

必要に応じて印紙を貼り、割印(わりいん)を押す

　商品やサービスなどの代金を受け渡す際に、何らかの証拠を残しておかないと、あとから「確かに支払った」「いや受け取っていない」というトラブルが発生する可能性があります。そんな事態を防ぐために、**お金や手形を受け取った人が、その証拠として発行するのが「領収書」**です。

　領収書の書式に決まりはなく、会社の指定のものか、市販のものを使うのが一般的です。まず、日付、宛先、金額、取引内容などを記入します。**金額を書く際は改ざんできないように、先頭に「¥」、末尾に「―」を記入します。金額が5万円以上の領収書には収入印紙を貼り割印を押します。**

　いくらの印紙を貼るかは売上金額によって異なります。領収書を書き損じた場合は、新たに書き直します。なお銀行振込で支払う場合は、振込記録が残るため、領収書を発行しないことも可能です。

advice 領収書のチェックポイント

- **「上様」は極力避ける**

　領収書の宛名を「上様」にするのは、本来はNG。これでは誰がお金を支払ったのかわからないからです。慣例化してしまっているので、絶対にダメとはいわないまでも、税務調査などで経費と認められなくても文句はいえません。同様に「品代」も避けて。宛名や内訳は、きちんと書く・書いてもらうようにしましょう。

- **記入はボールペンで**

　鉛筆やシャープペンシルはもちろん、消せるボールペンもNG。改ざんできない筆記具で記入しましょう。

領収書の作成例

- 相手の会社名を記入。略さずに正式な名称を入れる
- 金額は「¥54,000也」「¥54,000※」「金54,000円也」など、改ざんできないように記入する
- 金額が5万円以上の場合は、収入印紙を貼って割印を押す
- どんな商品やサービスに対する支払いなのか、取引内容を簡単に記入する
- 会社名の横に社印を押す

第5章 何かを買ったり売ったりするたびに記録する

受取金額と収入印紙

収入印紙は、国が税金を徴収するための手段のひとつ。印紙税法で定められた課税文書（領収書や業務委託契約書など）と呼ばれる文書には、金額に応じた収入印紙を貼ることが義務付けられています。
収入印紙は収入印紙を貼って割印することで、納税したとみなされます。貼り忘れると脱税となってしまい、罰金が課されるので注意しましょう。

金　額	収入印紙
5万円未満	非課税
5万円～100万円	200円
100万1円～200万円	400円
受取金額の記載のないもの	200円

115

| | | 適宜 | | |

特殊な販売方法の場合の売上計上と仕訳

どの時点で売上に計上するかが問題

　商品の販売方法には、現金取引や掛取引のほかに、「割賦販売」「委託販売」などがあり、仕訳方法を区別する必要があります。

　割賦販売は、代金を分割払いにする方法。売上計上の時期は原則、商品の販売時点で計上する「引渡基準」を使いますが、**代金の回収期限に計上する「回収期限到来基準」や、代金入金時に計上する「回収基準」も認められています。**

　委託販売は、商品の販売を他社に委託して委託先が販売した分だけ代金を回収する方法。**商品を送った時点では売上計上はできず、仕訳では「積送品」として処理します。**そして、委託先が販売した時点で売上に計上。受託者から売上計算書が送られてくる場合、その日付でも売上計上できます。

割賦販売の場合の仕訳

商品引き渡し時：50,000円の商品を10,000円ずつ 5回払いで販売し、商品を引き渡した。

割賦売掛金＝資産が増えたので借方に、割賦売上＝収益が増えたので貸方に入れる。
※割賦売掛金のほか「割賦販売売掛金」「割賦販売未収金」などの勘定科目を使うこともあります

借　方	貸　方
割賦売掛金 50,000	割賦売上　　50,000

1回目の入金：10,000円が普通預金口座に振り込まれた。

普通預金＝資産が増えたので借方に、割賦売掛金＝資産が減ったので貸方に入れる。

借　方	貸　方
普通預金　　10,000	割賦売掛金 10,000

2回目以降の入金時も、1回目と同様に仕訳する。

委託販売の場合の仕訳

○ 商品100,000円分を委託販売先に送付し、配送料3,000円を運送会社に現金で支払った。

積送品＝資産が増えたので借方に、仕入＝費用と現金＝資産が減ったので貸方に入れる。

借 方		貸 方	
積送品	103,000	仕入	100,000
		現金	3,000

商品を委託販売先に送った時点では売上は計上できませんが、ほかの在庫と区別するため「積送品」に仕訳します。また、積送品を発送する際に発生した送料なども、合わせて積送品に仕訳します

○ 委託販売先から送られてきた売上計算書に、「売上150,000円、諸掛15,000円(販売手数料10,000円、配送料5,000円)、手取り高135,000円」と書かれていた。

売上＝収益が増えたので貸方に、売掛金＝資産と支払手数料＝費用と販売経費＝費用が増えたので借方に入れる。

借 方		貸 方	
売掛金	135,000	売上	150,000
支払手数料	10,000		
販売経費	5,000		

○ 委託した商品のうち、50,000円分が売れていた。

商品が売れただけ、「積送品」から「仕入」へ、送料も半額含めて、相殺されるように振替仕訳を行う。

借 方		貸 方	
仕入	51,500	積送品	51,500

○ 委託販売先から売掛金135,000円が普通預金口座に振り込まれた。

売掛金＝資産が減ったので貸方に、普通預金＝資産が増えたので借方に入れる。

借 方		貸 方	
普通預金	135,000	売掛金	135,000

第5章　何かを買ったり売ったりするたびに記録する

返品や値引があったときは反対仕訳をする

すでに帳簿にある売上・仕入を取り消す

　一度仕入れた商品に間違いや不具合などがあった場合、取引先に返品することがあります。返品する際には、返品伝票とともに商品を返却します。帳簿上では、**一度仕入計上した取引を修正するのではなく、新たに返品という取引が発生したとして処理**します。具体的には借方に「買掛金」、貸方に「仕入」を入れて、仕入金額を取り消すのです。このように**仕入計上のときと左右反対の勘定科目を記入（借方と貸方の勘定科目を入れ替えた状態に）**することを反対仕訳といいます。自社が取引先に販売した商品が返品された場合も同様に、売上計上のときと左右反対の仕訳をします。

　また、仕入れた商品に不備があったものの、返品するほどではない場合、取引先に値引してもらうことがあります。帳簿上では値引を新しい取引として処理。具体的には、**値引してもらう額の分だけ反対仕訳**をします。

　自社が取引先に販売した商品を値引する場合も、これと同様に、値引した額の分だけ反対仕訳をします。

仕入代金が値引されたときの仕訳

●─ 仕入計上時：商品150,000円分を仕入れ、代金は掛けとした。

仕入＝費用が増えたので借方に、買掛金＝負債が増えたので貸方に入れる。

借　方		貸　方	
仕入	150,000	買掛金	150,000

●─ 値引時：商品の一部に汚損があったため、10,000円の値引を受けた。

買掛金＝負債が減ったので借方に、仕入＝費用が減ったので貸方に入れる。

借　方		貸　方	
買掛金	10,000	仕入	10,000

売上代金を値引したときの仕訳

売上計上時：商品を10,000円で販売し、代金を掛けとした。

売上＝収益が増えたので貸方に、売掛金＝資産が増えたので借方に入れる。

借　方		貸　方	
売掛金	10,000	売上	10,000

値引時：商品の一部に汚損があったため、3,000円の値引をした。

売上＝収益が減ったので借方に、売掛金＝資産が減ったので貸方に入れる。

借　方		貸　方	
売上	3,000	売掛金	3,000

仕入れた商品を返品したときの仕訳

仕入計上時：商品150,000円分を仕入れ、代金は掛けとした。

仕入＝費用が増えたので借方に、買掛金＝負債が増えたので貸方に入れる。

借　方		貸　方	
仕上	150,000	買掛金	150,000

返品時：商品が間違っていたため、50,000円分返品した。

仕入＝費用が減ったので貸方に、買掛金＝負債が減ったので借方に入れる。

借　方		貸　方	
買掛金	50,000	仕入	50,000

売り上げた商品が返品されたときの仕訳

売上計上時：商品150,000円分を売り、代金は掛けとした。

売上＝収益が増えたので貸方に、売掛金＝資産が増えたので借方に入れる。

借　方		貸　方	
売掛金	150,000	売上	150,000

返品時：商品が汚損のため、50,000円分が返品された。

売掛金＝資産が減ったので貸方に、売上＝収益が減ったので借方に入れる。

借　方		貸　方	
売上	50,000	売掛金	50,000

第5章　何かを買ったり売ったりするたびに記録する

割引や割戻があったときの仕訳処理

割引したときは、割引分を費用として処理

　掛けで仕入れた場合、実際のお金を仕入先に支払うのは数カ月後になります。これは、支払いを数カ月待ってもらっていることになりますが、その分だけ、金額を多めに払っていると考えることもできます。そこで、**予定された決済日よりも早く決済することを条件に、割引が受けられることがあります。これを「仕入割引」**といいます。帳簿上では、代金を早く支払うことで割引を受ける分を「仕入割引」（収益）という勘定科目を使って仕訳します。

　また、自社が販売した商品の代金を、**取引先が予定よりも早く支払ってくれたとき、取引先に対して割引してあげることを「売上割引」**といいます。この場合も、割引する分を「売上割引」（費用）として仕訳します。

　一度にたくさんの商品を仕入れた場合に、**代金の一部を戻してもらうことがあります。これを「割戻（リベート）」**といいます。

　この場合は、「返品」や「値引」と同様に、仕入計上時・売上計上時と左右反対の仕訳をしてリベート分を減少させる処理をします。

仕入代金が割引されたときの仕訳

仕入計上時：商品150,000円分を仕入れ、代金を掛けとした。

仕入＝費用が増えたので借方に、買掛金＝負債が増えたので貸方に入れる。

借　方		貸　方	
仕入	150,000	買掛金	150,000

割引時：商品代金を期日より早く支払い、10,000円の割引を受けた。

買掛金＝負債が減ったので借方に、仕入割引＝収益が増えたので貸方に入れる。

借　方		貸　方	
買掛金	10,000	仕入割引	10,000

売上代金を割引したときの仕訳

売上計上時：商品を150,000円で販売し、代金を掛けとした。

売上＝収益が増えたので貸方に、売掛金＝資産が増えたので借方に入れる。

借　方		貸　方	
売掛金	150,000	売上	150,000

割引時：代金を期日より早く支払ってもらい、10,000円分を割り引いた。

売上割引＝費用が増えたので借方に、売掛金＝資産が減ったので貸方に入れる。

借　方		貸　方	
売上割引	10,000	売掛金	10,000

仕入に対し、割戻を受けたときの仕訳

仕入計上時：商品700,000円分を仕入れ、代金を掛けとした。

仕入＝費用が増えたので借方に、買掛金＝負債が増えたので貸方に入れる。

借　方		貸　方	
仕入	700,000	買掛金	700,000

割戻時：10％分のリベートを受けた。

買掛金＝負債が減ったので借方に、仕入＝費用が減ったので貸方に入れる。

借　方		貸　方	
買掛金	70,000	仕入	70,000

売上に対し、割戻を行ったときの仕訳

売上計上時：商品700,000円分を販売し、代金を掛けとした。

売掛金＝資産が増えたので借方に、売上＝収益が増えたので貸方に入れる。

借　方		貸　方	
売掛金	700,000	売上	700,000

割戻時：10％分のリベートを行った。

売掛金＝資産が減ったので貸方に、売上＝収益が減ったので借方に入れる。

借　方		貸　方	
売上	70,000	売掛金	70,000

第5章　何かを買ったり売ったりするたびに記録する

内金や手付金、代金立替時の仕訳処理

あとで商品を引き渡す義務・受け取る権利が発生

　商品の売買では、**注文時に代金の一部を「内金」や「手付金」として支払うことがあります。** 内金も手付金も、代金の一部を先に支払うという点では同じですが、手付金の場合、支払ったあとに手付金を放棄することで一方的に契約を解除することが可能です。内金の場合、買い主と売り主の双方にきちんとした理由がなければ契約を解除できません。

　自社が商品を買う際に**内金を支払った場合、後日、商品を受け取る権利が発生することになり、仕訳では「前払金」として処理**します。そして商品を受け取ったら、前払金を相殺する処理をします。**自社が内金を受け取った場合は、後日、商品を引き渡す義務が発生することになり、仕訳では「前受金」として処理**。商品を渡したら、前受金を相殺する処理をします。

　また、取引先が負担するべき運賃を代わりに支払う、従業員などに対して一時的に金銭を立て替えるなど、立て替えが発生することがあります。この場合は「立替金」勘定を使用します。

内金や手付金を支払ったときの仕訳

内金支払時：100,000円分の商品を注文し、内金20,000円を現金で支払った。

前払金＝資産が増えたので借方に、現金＝資産が減ったので貸方に入れる。

借方		貸方	
前払金	20,000	現金	20,000

仕入計上時：100,000円分の商品を受け取り、代金のうち20,000円は内金と相殺し、80,000円を掛けとした。

仕入＝費用が増えたので借方に、前払金＝資産が減ったのと買掛金＝負債が増えたので貸方に入れる。

借方		貸方	
仕入	100,000	前払金	20,000
		買掛金	80,000

内金や手付金を受け取ったときの仕訳

○ー **受注時**：プロジェクトを500,000円で受注し、
　　　　　手付金100,000円を現金で受け取った。

現金＝資産が増えたので借方に、前受金＝負債が増えたので貸方に入れる。

借　方		貸　方	
現金	100,000	前受金	100,000

○ー **売上計上時**：500,000円のプロジェクトが完了し、
　　　　　　　代金のうち100,000円は手付金と相殺し、
　　　　　　　400,000円は普通預金口座に振り込まれた。

売上＝収益が増えたので貸方に、前受金＝負債が減ったのと普通預金＝資産が増えたので借方に入れる。

借　方		貸　方	
前受金	100,000	売上	500,000
普通預金	400,000		

内金や手付金を支払った・受け取った段階＝注文をした・受けた段階では、売上や仕入を計上しません。計上するのは、商品の引き渡しがあったときです

立て替えたときの仕訳

仕入時：商品50,000円分を仕入れ、代金は掛けとした。そのとき
　　　　仕入先負担の配送料2,000円を立て替えて現金で支払った。

商品代金（❶）は買掛金＝負債が増えたので貸方に、仕入＝費用が増えたので借方に入れる。配送料（❷）は現金＝資産が減ったので貸方に、立替金＝資産が増えたので借方に入れる。

借　方		貸　方	
❶ 仕入	50,000	買掛金	50,000
❷ 立替金	2,000	現金	2,000

売上時：商品を50,000円分販売し、代金は掛けとした。そのとき
　　　　得意先負担の配送料2,000円を立て替えて現金で支払った。

売掛金＝資産が増えたので借方に、売上＝収益が増えたのと現金＝資産が減ったので貸方に入れる。

※配送料は売掛金に含めず、立替金で仕訳してもよい。

借　方		貸　方	
売掛金	52,000	売上	50,000
		現金	2,000

第5章　何かを買ったり売ったりするたびに記録する

仕訳帳から総勘定元帳に転記する

知識 / 適宜

日付順に記入した仕訳を勘定科目ごとに集計する

　仕訳帳は会社のすべての取引を日付順に記帳したものです。仕訳帳は、総勘定元帳と同じで作成が義務づけられている主要簿のひとつですが、出金伝票や入金伝票、振替伝票で代用可能です（➡ P46）。会計ソフトへの入力では振替伝票を使っている会社も多いことでしょう。

　仕訳帳には、取引が発生するたびに、仕訳を記入します。まず日付欄に、取引が発生した日付を記入します。次に摘要欄に勘定科目を記入。ひとつの勘定科目に対し、複数の勘定科目が並ぶ場合は、先頭に「諸口」と書きます。仕訳の金額欄には、金額を借方と貸方に分けて記入します。　次に仕訳帳から総勘定元帳に転記します。**総勘定元帳とは、取引を勘定科目ごとに集計した帳簿**です。転記する際は、**仕訳帳にあるそれぞれの取引を、総勘定元帳の該当する箇所（勘定口座）に記入**していきます。仕訳帳で借方にある金額は総勘定元帳の借方に、仕訳帳で貸方にある金額は総勘定元帳の貸方に、それぞれ記入。摘要欄には仕訳の相手科目を記入します。

総勘定元帳作成の流れ

取引発生

⬇ 仕訳

取引ごとに作成

仕訳帳または伝票（出金伝票や入金伝票、振替伝票）を作成する。

⬇ 転記

資産や取引の種類、取引先ごとに作成

必要に応じて売掛金元帳や現金出納帳などの補助簿を作成する。

⬇ 転記

勘定科目ごとに分けて記入

すべての取引を勘定科目ごとに分けて記入し、総勘定元帳を作成する。

取引の発生から仕訳帳作成の流れ

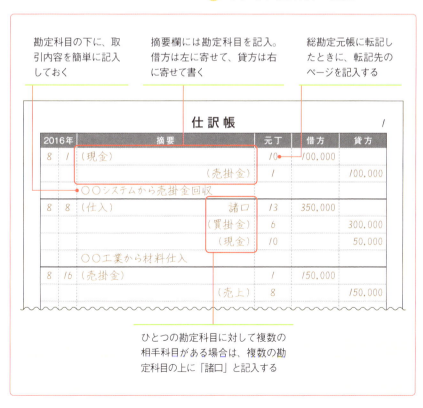

仕訳帳から総勘定元帳に転記する

[総勘定元帳]

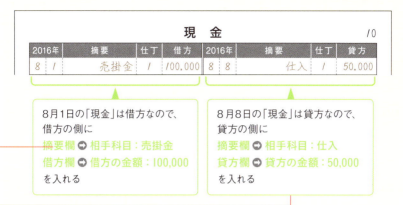

知っていると便利な電卓の機能

便利なキーを覚えて業務スピードをアップ!

　意外と知られていないのが、電卓の便利機能。まずはクリアキーの使い分け。「C」は計算式を間違えたり、表示されている数字を「0(ゼロ)」にしたいときに使います。「AC」は表示されている数字だけでなく、これまでの計算をすべてクリアするときに使います。

「M＋(メモリープラス)」は、数字を記憶させるキー。たとえば、「20×4」を入力後に「M＋」を押すと80が、次に「15÷3」を入力後に「M＋」を押すと5が表示され、最後に「MR(メモリーリコール)」を押すと80と5を足した85が表示されます。「M－」はこの逆で引き算です。「GT(グランドトータル)」は、あとから合計してくれるキー。計算を連続で入力して、最後に「GT」を押すと、合計を表示してくれます。このほか「検算」や「ラウンドセレクター」など、電卓にもよりますが、経理実務を助けてくれる便利な機能はまだまだあります。

第6章
何年も使うものは何年かに分けて計算する

どれが固定資産なのか？ 減価償却の方法はどうするのが適切か？ など、
固定資産と減価償却は、ルールが複雑なことに加え、
仕訳方法も2種類あり大変です。
一度間違えると以降何年間もの決算にも影響するうえ、
固定資産税にも関係するので、気を引き締めて作業に当たりましょう。

|知識|　　|適宜|　　|毎年|

固定資産の種類と管理のための仕事

購入時と保有期間中の定期的なチェックが重要

　会社にはいろいろな資産があります。そのなかでも、土地や建物、自動車、機械などの、**1年以上の長期にわたって所有または使用する資産のことを「固定資産」**といいます。**固定資産は大きく「有形固定資産」「無形固定資産」「投資その他の資産」の3つ**に分けられます。「権利」や「株式」など、形がないものも固定資産に含まれるので覚えておきましょう。

　固定資産は金額的に高価なものが多く、また、一度購入したら貸借対照表（➡P208）に何年間も記載されることになります。そのため、**購入・処分時の会計処理や維持管理の仕方を間違えると、数年たってから会計上に大きな誤りが発生したり、損失が発生したりする**可能性もあります。したがって適切な方法で管理することが大切です。

　具体的には、固定資産に管理シールを貼って現場に設置し、実際に使われているかどうかを定期的に確認する「現物管理」、固定資産の情報を台帳に記録する「台帳管理」、取得時の支払いや減価償却の計算（➡P138）などを行う「経理処理」といった作業が発生します。

固定資産の種類

種類	内容	主な勘定科目
有形固定資産	原則として、1年以上使うことを目的として所有するもののうち、物体として形があるもの。	建物、建物付属設備、構築物、機械装置、船舶、航空機、車両運搬具、工具器具備品、土地、建設仮勘定　など（➡P132）
無形固定資産	物体ではないが、長期にわたって経営に利用され、利益を得るうえで役立つもの。	特許権、実用新案権、意匠権、商標権、施設利用権、鉱業権、漁業権、水利権、ソフトウェア、借地権　など
投資その他の資産	固定資産のうち、有形・無形固定資産ではないもの。子会社株式など。	投資有価証券、関係会社株式、長期貸付金　など

固定資産の管理に必要な仕事

仕事の種類	行う人・部署	業務内容
現物管理	その固定資産を使っている人・部署	● 現物が正常に使用できるように管理すること。 ● 紛失・破損・陳腐化していないかを定期的にチェックする。 ● 現物に設備シールなどを貼って、固定資産であることを明示しておく。
台帳管理	経理部や社内設備を管理している総務部など	● 勘定科目ごとに固定資産台帳を作成し、台帳を管理する。 ● 固定資産台帳には、管理番号、管理部署、設置場所、資産の種類、仕様、購入日、取得価額、耐用年数、減価償却の状況、帳簿価額などを記載する。
経理処理	経理部	● 固定資産取得の際の支払いを行う。 ● 減価償却費の計算。 ● 固定資産の売買や破棄、修繕などにまつわる仕訳などの経理処理。

固定資産台帳の記入例

固 定 資 産 台 帳

管理番号 A-123456	償却方法 定率法	数量 1台	
科目 機械装置	耐用年数 12年	所在地 東京都港区○○○○	
名称 アルミプレス機	償却率 0.167	購入先 ○○建機株式会社	

年 月 日	管理部門
2016年9月5日	A工場総務部

年 月 日	設置場所
2016年9月5日	A工場1階○○室

取得年月日	取得価額	圧縮額	実査年月日	確認担当者	機能低下	廃棄	減失	備考
2016年○月○日	1,300,000	0円	2016／○／○	▲▲	なし	なし	なし	―

第6章 何年も使うものは何年かに分けて計算する

主な有形固定資産の一覧表

勘定科目	内容	具体例	備考
建物	土地の上に建てられていて、原則として屋根と壁があり、事務所や店舗などとして使用されるもの	事務所・営業所、店舗、工場、車庫、社宅、倉庫 など	―
付属設備	「建物」から区別された建物に付随する設備。「建物付属設備」ともいい、建物に含めることもある	電気設備、ガス設備、給排水設備、照明設備、衛生設備、冷暖房設備、エレベータ設備、自動ドア設備、アーケード設備 など	―
構築物	「建物」と「付属設備」以外の、土地の上に建てられた建造物。土木設備、工作物を指す	貯水池、上下水道、煙突、軌道、坑道、鉄塔、広告塔、看板、橋、ドック、桟橋、庭園や花壇などの緑化設備、塀、競技場、舗装道路、路面、トンネル など	―
機械装置	工場などで業務のために使用している製造・加工設備や、これに付属する搬送設備。建設業などで使用される作業用機械など	製紙設備、薬品製造設備、製粉設備、製氷機、保存設備、ブルドーザー、パワーショベル、杭打機、掘削機、ベルトコンベア など	―
車両運搬具	陸上用の運搬具	普通乗用車、トラック、オートバイ、バス、フォークリフト、クレーン車、台車、トロッコ、鉄道車両 など	● 車両運搬具に装備されているカーエアコン、カーステレオなどは「工具器具備品」ではなく、「車両運搬具」として計上する。

勘定科目	内容	具体例	備考
工具器具備品	**工具** 工場で使われる加工作業の道具	**取付工具、メーターなど測定検査工具、切削工具、治具、金型、レンチ・スパナなどの加工工具** など	● パソコンは、本体（OSを含む）、ディスプレイ、キーボード、マウスなどのセットで取得価額が10万円以上であれば、器具備品などの科目で計上する。
	器具備品 事務・通信機器など、主に事務所で使われる道具	事務机、イス、応接セットなどの家具、キャビネット、パソコン、コピー機（複写機）、FAX、電話設備などの通信機器、エアコン、テレビ、冷蔵庫、時計、カーテン、観賞用の植物・動物、自動販売機、医療機器、娯楽・スポーツ用品、書画骨董 など	● 書画骨董も器具備品に含まれるが、時間の経過によって価値が減少しないものなど、減価償却の対象にならないものもある。
土地	事業のために使用される土地（事業用の土地であれば、未使用でも含まれる）	**事務所、工場、店舗、社宅など、企業活動のために使用される建物の敷地。駐車場、資材置き場、運動場、農園** など	● たとえば土地をアスファルトで舗装した場合の舗装費用は、「構築物」として計上する。 ● 投資目的で所有している土地や他人に賃貸している土地は、「販売用不動産」や「投資不動産」などの勘定科目で管理する。 ● 不動産業者などが販売目的で保有する土地は、棚卸資産（勘定科目は「繰越商品」など）となる。
建設仮勘定	建物、構築物、機械装置などの有形固定資産の建設・製作で、工事の完成や建物の引き渡しなどまでの間に、仮払いまたは前払いした工事費や材料費、労務費、経費を管理するための一時的な勘定科目	**建設請負工事の内金、手付金、前払金、工事のために購入した機械などで保管中のもの** など	● 「車両運搬具」、「工具器具備品」などの取得のための前払金も、建設仮勘定で計上する。

第6章 何年も使うものは何年かに分けて計算する

| 知識 | 適宜 | 毎年 |

固定資産は取得価額によって処理方法が異なる

取得価額には購入のための費用も含める

　固定資産に関する会計処理をする際に、ポイントとなるのは取得価額です。**取得価額が100,000円以上のものは固定資産として計上し、耐用年数に応じて毎年少しずつ費用として計上する「減価償却」**を行います。**100,000円未満のものは全額経費処理**が認められます。経費は法人税（→ P204）の計算で「損金」と呼ばれ、税金がかかりません。このため、購入した資産が経費にできるかどうかは重要な意味をもちます。

　取得価額を計算する際は、本体部分の代金だけでなく、運賃や手数料などの諸費用を含めて計算する必要があります。ただし、不動産取得税など取得価額に含めなくてよいものもあるので、間違えないよう注意が必要です。

　取得価額における消費税の取り扱いについては、「税抜処理」か「税込処理」かによって異なります。

取得価額で経理上の処理が変わる

物品を購入した

- 1年以上使用でき、取得価額が100,000円以上の場合
  = **固定資産として計上し、減価償却を行う**

- 取得価額が100,000円未満の場合
  = **「消耗品費」などの費用の勘定科目で経費として計上。固定資産には含めない**

 取得価額が100,000円未満かどうかは、通常、1単位として取引されるその単位ごとに判定する。たとえばカーテンは1枚ごとではなく1部屋分で、応接セットはイス1脚ではなく1セットで判定する。また、税込処理を採用している場合は税込金額で判定する。

取得価額の計算方法

購入した場合

取得価額 ＝

購入代価

購入先に支払った代金 ＋ 引取運賃、購入手数料、関税など、その資産の購入のためにかかった費用

＋ **事業で使うために必要になった費用**

取得価額に含めなくてよいもの
不動産取得税、自動車取得税、登録免許税、そのほか登記や登録のための費用

取得価額に含めるもの
引取運賃、荷役費、運送保険料、購入手数料、関税など、その資産の購入のためにかかった費用

自社で製作・建設・製造した場合

取得価額 ＝

製作・建設・製造の原価

原材料費 ＋ 労務費 ＋ 経費

＋ **事業で使うために必要になった費用**

消費税の扱い　本体価格500,000円の車両を税込540,000円で購入し、現金で支払った。

税抜処理

借　方	貸　方	
車両運搬具　500,000	現金	540,000
仮払消費税　40,000		

取得価額に入れない

税込処理

借　方	貸　方	
車両運搬具　540,000	現金	540,000

取得価額に入れる

第6章　何年も使うものは何年かに分けて計算する

135

知識 | 適宜 | 毎年

取得時は、複数の処理方法から有利なものを選ぶ

中小企業なら30万円まで経費にできる

100,000円以上の資産を購入した場合には減価償却資産（→P138）として経理処理するのが原則です。しかし、会社の規模や金額によりいくつかの例外的な処理も認められています。**経理処理や管理の手間、節税面を考えて、最も有利な処理方法を選ぶ**ようにします。

たとえば100,000円以上200,000円未満の減価償却資産は、法定耐用年数に決められた通常の減価償却に代わって、**3年間で均等に償却する方法が選択できます。このような資産を「一括償却資産」**といいます。

また中小企業については、**300,000円未満の資産を特例として経費計上できる制度があります。「少額減価償却資産の特例」**と呼ばれる制度です。

固定資産取得時の処理方法のまとめ

※ ■：固定資産税の申告が必要な資産

取得価額	法人の区分	
	原則	中小企業者の特例
10万円未満	少額減価償却資産 →費用として計上、減価償却不要	少額減価償却資産の特例 →費用として計上、減価償却不要
10万円以上 20万円未満	一括償却資産（3年均等償却） →資産として計上、減価償却必要	
20万円以上 30万円未満	通常の固定資産（減価償却） →資産として計上、減価償却必要	
30万円以上		通常の固定資産（減価償却） →資産として計上、減価償却必要

一括償却資産

取得価額が20万円未満の減価償却資産は、一括して3年均等で減価償却可能。ただし3年以内に故障などで処分しても、除却損失（→P144）は計上できず、3年均等償却をする必要がある。

少額減価償却資産の特例

資本金1億円以下で従業員数1,000人以下の中小企業は、年間取得総額300万円まで1体30万円未満のものを少額資産扱いできる。

第6章 何年も使うものは何年かに分けて計算する

基本的に有利な処理方法一覧

[大企業]

取得価額	処理方法	固定資産税
10万円未満	費用として計上	課税されない
10万円以上 20万円未満	一括償却資産	課税されない
20万円以上	通常の固定資産	課税される

原則にのっとって処理します

[中小企業]

取得価額	処理方法	固定資産税
10万円未満	費用として計上 ※1	課税されない
10万円以上 30万円未満	少額減価償却資産の特例 ※2	課税される
30万円以上	通常の固定資産	課税される

ケースごとにうまく対応を!

※1) 10万円未満の場合は、原則を用いて損金算入するほうが一般的。中小企業者の少額減価償却資産の特例を用いると、固定資産税が課税されるためです。

※2) 10万円以上20万円未満の場合は、中小企業者の少額減価償却資産の特例を用いるか一括償却資産として計上するか、判断が分かれるところです。
取得価額や耐用年数によって固定資産税の額が変わってくるので、税額が安くなるほうを選ぶとよいでしょう。たとえば耐用年数20年の金庫などは、多くの場合、少額減価償却資産の特例を用いたほうが、税額が安くなります。

advice 固定資産にかかる税金

固定資産税には、「固定資産税(土地・家屋)」「固定資産税(償却資産)」の2種類があります。
いずれも市区町村から納付書が届く(税金の計算は市区町村が行う)ので、税金の計算をする必要はありません。ただし、償却資産については、1月1日現在所有しているものを、その年の1月末に申告する必要があります。固定資産税の納付時期は、都道府県によって異なりますが、東京23区では6・9・12・2月の年4回です。

137

知識 | 適宜 | 毎年

減価償却の計算方法は2種類覚える必要がある

主な償却方法は定額法と定率法の2種類

　建物や機械、自動車など、固定資産（➡P130）のほとんどは使用することによって年々その価値が目減りしていきます。**このような資産を「減価償却資産」といいます**。減価償却資産を取得したときは、**1年間の価値の目減り分を見積もり、その分だけ固定資産の帳簿価額（➡P142）を減少させると同時に、「減価償却費」という勘定科目で費用に計上します**。なお、固定資産のなかでも、土地のように価値が目減りしないものもあります。

　固定資産を利用できる年数のことを「耐用年数」といいますが、税法では、**資産の種類によって耐用年数を細かく規定しています。これを「法定耐用年数」といいます**。

　減価償却の方法にはいくつかありますが、一般的なのは「定額法」「定率法」の2種類です。**定額法とは、固定資産の耐用期間中、毎年均等の金額だけ減価償却費を計上していく方法**です。一方、**定率法は、残高に対して毎年同じ割合を減価償却費として計上していく方法**です。それぞれの特徴やメリットを理解して、適切に処理できるようにしておきましょう。税法では資産の種類ごとに、どちらの方法を選択するか定められています。資産の種類によっては、どの方法を選択するか税務署に届出が必要な場合もあります。

固定資産のうち、減価償却しないものの例

[有形固定資産]
- 土地
- 建設仮勘定

[無形固定資産]
- 借地権
- 電話加入権

[投資その他の資産]
- 子会社株式
- 出資金

第6章 何年も使うものは何年かに分けて計算する

税法で決められた減価償却の方法

資産の種類	減価償却方法	税務署への届出
建物 （1998年4月1日以降に取得されたもの）	定額法 ※1	不要
建物附属設備及び構築物 （2016年4月1日以降に取得されたもの）	定額法 ※2	不要
上記以外の 有形減価償却資産 （工業用減価償却資産は除く）	定額法、定率法、	必要 （届け出がない場合は定率法）
鉱業用減価償却資産 （2016年4月1日以降に取得された建物、建物附属設備、構築物）	定額法 生産高比例法 ※3	必要 （届け出がない場合は定率法）
上記以外の 工業用減価償却資産	定額法、定率法 生産高比例法	必要 （届け出がない場合は 生産高比例法）
無形減価償却資産 （1998年4月1日以降取得の営業権を含む。鉱業権は除く）	定額法	不要
鉱業権	定額法、 生産高比例法	必要 （届け出がない場合は 生産高比例法）

※1）1998年3月31日以前に取得された建物については、定額法または定率法を選択できます。
※2）2016年3月31日以前に取得されたものについては、定額法または定率法を選択できます。
※3）2016年3月31日以前に取得されたものについては、定額法、定率法または生産高比例法のいずれかを選択できます。

税法で決められた耐用年数の例

種類	具体的な資産名	耐用年数
建物	鉄筋コンクリート造の事務所用建物	50年
構築物	広告塔（金属製の物）	20年
車両運搬具	乗用車（一般的な物）	6年
工具器具備品	応接セット	8年
	パソコン	4年

決算書などの会計上では耐用年数を任意で決めて償却できますが、別途、納税用に税法に合わせた計算もしなければならないため、多くの会社では税法基準で償却計算をしています

139

定額法による減価償却の計算

特　徴: 毎年均等の金額で償却していく

計算式: 取得価額÷耐用年数（＝取得価額×償却率）

償却率: 1 ÷ 耐用年数

償却額の推移:

一定

償却費				
1年目	2年目	3年目	4年目	5年目

メリット: 計算が簡単。経営計画や原価計算に利用できる

計算例

科目: **備品**　取得価額: **1,000,000円**　償却率: **0.100**
耐用年数: **10年**　取得時期: **第1年度期首**

年	期首帳簿価額	償却限度額	期末帳簿価額	償却累計額
1年目	1,000,000	100,000	900,000	100,000
2年目	900,000	100,000	800,000	200,000
3年目	800,000	100,000	700,000	300,000
4年目	700,000	100,000	600,000	400,000
5年目	600,000	100,000	500,000	500,000
8年目	300,000	100,000	200,000	800,000
9年目	200,000	100,000	100,000	900,000
10年目	100,000	99,999	1	999,999

定率法による減価償却の計算

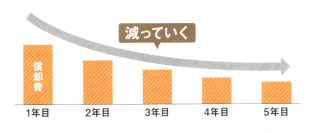

特徴: 毎年、残高に償却率をかけた金額で償却していく

計算式: (取得価額－償却済みの額)×償却率

償却率: 定額法の2倍(＝2÷耐用年数)

償却額の推移: 減っていく

メリット: 先に多く減価償却するので利益は減るが、その分税金の支払いを遅らせることができる

※償却額が償却保証額(取得価額×保証率)より少なくなった年以降は、毎年同額になる。この場合の償却額は、改定取得価額(初めて少なくなった年の期首の未償却残高)×改定償却率で計算します。

計算例

科目:	備品	取得価額: 1,000,000	保証率: 0.06552	償却保証額: 65,520
耐用年数:	10年	償却率: 0.200	改定償却率: 0.250	(＝1,000,000×0.06552)

年	償却費の額	計算式
1年目	200,000	＝1,000,000×0.200
2年目	160,000	＝(1,000,000－前年までの償却費の合計額)×0.200
7年目	65,536	＝改定取得価額 262,144×0.250 調整前の償却額が52,429円で償却保証額より少ないため、改定取得価額×改定償却率で、償却額を計算する
8年目	65,536	＝改定取得価額 262,144×0.250
9年目	65,536	＝改定取得価額 262,144×0.250
10年目	65,535	期首帳簿価額－1円＜改定取得価額×0.250

※償却率、保証率、改定償却率は耐用年数によって決められています。

減価償却費は仕訳の方法が2種類ある

直接法と間接法で固定資産の扱いが違う

　減価償却費の仕訳方法には「直接法」と「間接法」の2種類があります。

　直接法は、計上した減価償却費と同じ額だけ、固定資産の額を直接減らしていく方法です。

　間接法は、固定資産の金額を直接減らすのではなく、「減価償却累計額」という勘定科目を別途設けて記載する方法です。仕訳は、借方に費用の増加項目として「減価償却費」を記載し、貸方に資産の減少項目として「減価償却累計額」を記載します。固定資産の金額は取得価額のままで、減価償却累計額だけが毎年増えていくことになります。

　直接法を使うと、固定資産の金額が毎年減るため、取得価額がわからなくなります。間接法を使うと取得価額がいつでも確認できます。

減価償却の仕訳

1,000,000円で購入したLANボードを減価償却する。

科目：備品　取得価額：1,000,000円　償却率：0.100
耐用年数：10年　減価償却費：1,000,000×0.100＝100,000

直接法 減価償却費と同じ額だけ直接的に固定資産の金額を減少させる方法

減価償却費＝費用が増えたので借方に、備品＝資産が減ったので貸方に入れる。

借方		貸方	
減価償却費	100,000	備品	100,000

【精算表】

勘定科目	試算表		修正記入		損益計算書		貸借対照表	
	借方	貸方	借方	貸方	借方	貸方	借方	貸方
備品	1,000,000			100,000			900,000	
減価償却費			100,000		100,000			

帳簿価額（未償却残高）

※精算表について➡P206

適宜

固定資産を除却・売却したときの仕訳

売却価額と帳簿価額の関係で、仕訳処理が異なってくる

　固定資産は時間とともに価値が下がっていきます。最終的に使えなくなったものは除却（廃棄処分）されます。また、不要になった固定資産を売却することもあります。**除却・売却の仕訳処理には、「固定資産除却損」または「固定資産売却益（または売却損）」を使います。処理の仕方は、減価償却費の仕訳に直接法を使っているか間接法を使っているかで異なります。**

　まず除却の場合。直接法なら、借方に「固定資産除却損」、貸方に除却した固定資産の勘定科目を記入し、金額欄には当該固定資産の帳簿価額（帳簿上の評価額）を記入します。間接法なら、借方に「減価償却累計額」と、帳簿価額と減価償却累計額の差額である「固定資産除却損」が入ります。

　売却した場合は、帳簿上の評価額よりも売却額のほうが大きいケースでは「固定資産売却益」を、その反対では「固定資産売却損」を使います。

固定資産を除却したときの仕訳

取得価額 500,000 円の応接セットを除却した。
減価償却費の累計は 200,000 円である。

直接法

備品（帳簿価額）＝資産が減ったので貸方に、固定資産除却損＝費用が増えたので借方に入れる。

借　方		貸　方	
固定資産除却損	300,000	備品	300,000

間接法

備品（取得価額）＝資産が減ったので貸方に、固定資産除却損＝費用と減価償却累計額＝資産が増えたので借方に入れる。

借　方		貸　方	
固定資産除却損	300,000	備品	500,000
減価償却累計額	200,000		

固定資産を売却したときの仕訳

売却価額 ＞ 帳簿価額 の場合

取得価額700,000円・帳簿価額300,000円の乗用車を
500,000円で売却し、代金を現金で受け取った。

直接法

車両運搬具（帳簿価額）＝資産が減ったのと固定資産売却益＝収益が増えたので貸方に、現金＝資産が増えたので借方に入れる。

借　方		貸　方	
現金	500,000	車両運搬具	300,000
		固定資産売却益	200,000

間接法

車両運搬具（取得価額）＝資産が減ったのと固定資産売却益（売却価格－帳簿価額）＝収益が増えたので貸方に、現金＝資産と減価償却累計額＝資産が増えたので借方に入れる。

借　方		貸　方	
現金	500,000	車両運搬具	700,000
減価償却累計額	400,000	固定資産売却益	200,000

売却価額 ＜ 帳簿価額 の場合

取得価額700,000円・帳簿価額300,000円の乗用車を
200,000円で売却し、代金を現金で受け取った。

直接法

車両運搬具（帳簿価額）＝資産が減ったので貸方に、現金＝資産が増えたのと固定資産売却損（帳簿価額－売却価格）＝費用が増えたので借方に入れる。

借　方		貸　方	
現金	200,000	車両運搬具	300,000
固定資産売却損	100,000		

間接法

車両運搬具（取得価額）＝資産が減ったので貸方に、現金＝資産と減価償却累計額＝資産と固定資産売却損（帳簿価額－売却価格）＝費用が増えたので借方に入れる。

借　方		貸　方	
現金	200,000	車両運搬具	700,000
減価償却累計額	400,000		
固定資産売却損	100,000		

第6章　何年も使うものは何年かに分けて計算する

マイナンバー制度で何が変わる？

番号対応にともないさまざまな業務が発生！

　2016年1月から利用が開始された「マイナンバー制度」では、国民1人につきひとつ、会社1社につきひとつの番号が割り振られます。この番号を社会保障、税、災害対策に関する行政機関で利用することで、行政を効率化し、国民の利便性を高めることを目的としています。

　マイナンバーはさまざまな分野で利用され、経理の業務にも影響を与えます。まず、支払調書（→P92）や源泉徴収票（→P182）、社会保険関係書類など、各種書類に個人番号や法人番号を記載することが求められるため、書類の様式や会計システムを変更する必要があります。

　また経理では、社員やアルバイトなど、すべての従業員の個人番号を収集する必要があります。取引先や顧客の法人番号も扱うケースも増えるでしょう。番号の収集や使用といった手間が増えるだけでなく、これまで以上に情報管理を徹底することが重要になります。

第7章 月次決算でタイムリーな経営状況がわかる

法律で義務化されていなくても、多くの会社で月次決算が行われます。
つまり、それだけ月次決算にはメリットがあるということ。
月次決算までできると、一人前の経理担当者とみなされることも多いので、
経理作業のおさらいのつもりで、
実力をチェックしてもよいかもしれません。

月次決算で迅速に業績を把握し、年次決算の準備を行う

経営状況の把握に加え、年次決算の助けにもなる

　経理では1年間の取引データを集計して貸借対照表や損益計算書などの決算書（→ P190）を作成しますが、これを1カ月ごとに行う「月次決算」を導入している会社もあります。月次決算には、**会社の実績や財務状況、前年同月との違いなどを知ることができ、経営状況をタイムリーに把握**できるメリットがあります。また毎月の経理処理のミスを早期発見することで、**中間決算や年次決算を行う際の手間を軽減**できます。月次決算は会社法などの法律で義務づけられているものではありませんが、とても重要な業務です。

　実際の作業としては、**現預金の実際残高と帳簿残高の照合や、売上高・売上原価の確定（→ P150）、貸借対照表科目の残高の点検**などを行い、**最終的に決算書を作成します**。各作業はおおむね右のページのような日程で行われます。月末から翌月上旬頃までが月次決算業務のピークとなります。

月次決算で作成する書類の例

[月次決算書]
- 試算表 → P156
- 貸借対照表 → P159
- 損益計算書 → P159 など

[決算書を作るための書類]
- 棚卸表
- 売掛金残高一覧表
……取引先ごとの売掛金残高がわかる　など

[月次資料]
- 部門別損益計算書
……社内のどの部門が利益を出しているかわかる
- 月次推移表
……月ごとの各科目の変動がわかる
- 資金繰り表
……数カ月先までの資金の予定がわかる
- キャッシュフロー計算書
- 前年同月比較表　など

第7章 月次決算でタイムリーな経営状況がわかる

月次決算で行うこと

[**現預金科目の照合**]
- 現金や預金の実際の残高と帳簿上の残高が一致しているか照合する

[**売上高の確定**]
- 売上計上もれなどがないか確認する
- 売掛金の消し込みを行い、売掛金の回収もれがないか確認する → P150

[**貸借対照表科目の残高の点検**]
- 計上もれがないか、金額が正しいかなどを確認する → P155

[**売上原価の確定**]
- 前月度の帳簿から、月初商品棚卸高を確認する
- 仕入先別仕入額一覧表を作成し、仕入高の合計値を出す
- 月末棚卸高の金額を出し、売上原価を算出する → P150
- 売上原価を仕訳(しわけ)する → P150

[**販売・管理費などの確定**]
- その月の経理作業にミスがないか確認する
- 月次配賦経費を計上し、月次決算を平準化する → P152

月次決算の流れ

スケジュール		月次決算業務		
20日 給与締日	―仕入代金の支払い	取引先に請求書の送付期限を連絡する	社内に請求書の提出期限を通知する	社内に立替経費精算の期限を通知する
25日 給与振込日	―売上代金の入金			
30日 請求書の締日／社会保険料納付				
1日 在庫の確認／実地棚卸	―売上代金の請求	社内の請求書の提出を確認する	取引先の請求書の到着を確認する	勘定残高を確認する
5日		月次決算整理・仕訳を行う	試算表を作成する	分析資料を作成する
10日 源泉所得税・住民税納付		月次決算資料を整理し、保管する		
15日 月次会議				
20日				

※中央に「月次決算」

売上高と売上原価を確定させる

毎月

売上原価は計算式でも算出できる

　月次決算ではまず、売上高※の確定を行います。営業部門などから請求書や申請書、1カ月の売上高の集計などを提出してもらい、それをもとに売上の会計処理を行います。売上高を確認したら、次に、売掛金が請求書どおりに回収できているかを確認する作業をします。日々の売上請求額に対して、取引先からきちんと入金されたかを預金通帳などから確認し、**売掛金残高を貸方にもっていく仕訳、いわゆる「売掛金の消し込み」を行います。**

　次は売上原価の確定を行います。売上原価とは、当月に売上げた商品にかかった仕入費用のこと。**売上原価を確定すれば、「今月はいくらで仕入れて、いくら儲けたか」を把握できます**。売上原価は右ページ上の計算により求めます。**売上高から売上原価を引いた額が、売上総利益（粗利）**となります。

　月次決算の仕訳では、右ページ下のように「繰越商品」（売れ残ってしまった商品）を使い、月末と月初の棚卸高を確定させます。

※簿記の勘定科目は「売上」ですが、決算書には「売上高」と記載されます。

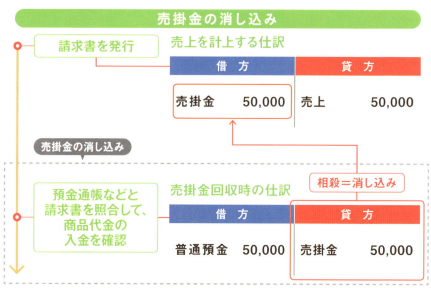

売上原価を算出する

（月次の）売上原価 = + −

当月に売上げた商品の分の仕入額 ← ❶＋❷−❸

売上総利益

❶ 月初商品棚卸高
❷ 当月商品仕入高
❸ 月末商品棚卸高

売上原価　売上高

❶ 月初商品棚卸高
前月度の帳簿（試算表）などで確認する。

❷ 当月仕入高
請求書や帳簿（仕訳帳）などから、仕入先別仕入額一覧表などを作成して仕入高の合計値を出す。

❸ 月末商品棚卸高
実地棚卸を行っている場合は、その集計金額を月末商品棚卸高とする。そのほかの場合は、下記のような便宜上の数値を使う。
- 当月仕入高を売上原価とみなす。
- 予算の売上原価率から売上原価を先に求め、逆算して、月末商品棚卸高を算出する。

売上原価を算定するときの仕訳

月次決算で売上原価を算定する。
月初商品棚卸高は100,000円、月末商品棚卸高120,000円だった。

❶ 月初商品棚卸高を繰越商品から仕入に振り替える（繰越商品＝資産が減ったので貸方に、仕入＝費用が増えたので借方に入れる）

❷ 月末商品棚卸高を仕入から繰越商品に振り替える（仕入＝費用が減ったので貸方に、繰越商品＝資産が増えたので借方に入れる）

借　方	貸　方
❶ 仕入　　100,000	繰越商品　100,000
❷ 繰越商品　120,000	仕入　　120,000

決算時、月初商品棚卸高は「繰越商品」（資産）という勘定科目で借方に計上されているので、これを「仕入」の勘定科目に振り替えて貸方に入れ、繰越商品をゼロにします。

月末商品棚卸高を「繰越商品」として借方に入れます。この金額が来月の月初商品棚卸高になります。そして、売上原価を計算するために「仕入」を貸方に入れます。

第7章　月次決算でタイムリーな経営状況がわかる

月次配賦経費を計算して、月次決算の額をならす

毎月

毎月発生している経費を月割りにする

　会計には、「当該決算期内の収益および費用（益金および損金）は、その年度内に正しく処理すればよい」という考え方にもとづくルールが多くあります。しかしなかには、**実際は毎月継続的に発生しているものの、正確な額はある特定の時期にしかわからない**という性質の経費などがあり、上記のルールに当てはめるのが難しい場合があります。たとえば、年2回社員に支払う賞与や、年1回だけ支払う各種保険料（→ P154）などです。

　そのような費用を**一度に全額計上すると、ほかの月との増減幅がとても大きくなってしまいます**。その結果、月ごとの損益にも大きな影響が出てしまい、経営者が月次決算情報を見ても、正確な経営状況を把握できないという問題が起こってしまいます。そこで、特定の時期にしか正確な額がわからない費用でも、**月割りで仕訳処理して、月次決算に反映させる作業が必要になります。これを「月次配賦」といいます**。

　経費を月次配賦計上するには、まず年度初めに発生予定額を算定する必要があります。年間予算を策定している会社なら、各部署で作成している予算額をそのまま使用します。そうでない会社なら、経理部門の責任者と相談しながら予算額を決めます。その後、**年間発生予定額を12分の1にした額を毎月費用計上します**。費用計上する項目は月次配賦表を作っておくと管理しやすいでしょう。

実は毎月「発生」している経費の例

- 賞与（支給は、年2回のことが多い）
- 減価償却費（正確な計算は、年度末1回）
- 固定資産税（通常年4回納付）
- 各種保険料
　（損害保険は年1回納付、生命保険は条件による）
- 退職給付費用（退職時）
- 労働保険料（通常年3回納付）

たとえば…
応接セットは購入後毎月使って消耗していく→減価償却費が毎月発生している

月次配賦経費の仕訳

賞与

年間の賞与支給予定額は、経営状況をもとに経営層が決めます。

月次 月次配賦経費計上時の仕訳

借　方		貸　方	
賞与	×××	賞与引当金	×××

支払 賞与支給時の仕訳

借　方		貸　方	
賞与引当金	×××	普通預金	×××

減価償却費

減価償却費（→P138）は年度末に計算しますが、資産ごとに計算方法が決まっているので、あらかじめ計算しておくこともできます。期中に処分・購入予定のものが決まっていれば、それらの額も含めて、計算します。

月次 月次配賦経費計上時の仕訳（直接法）

借　方		貸　方	
減価償却費	×××	建物	×××

月次 月次配賦経費計上時の仕訳（間接法）

借　方		貸　方	
減価償却費	×××	減価償却累計額	×××

支払 減価償却費は誰かに支払うわけではなく、会計・税務処理上の数字なので、「支払時の仕訳」などは発生しません。

固定資産税

前年実績などを使用して配賦額を決めます。納付書が届いたら（→P137）、年間で納付書の合計額と一致するよう、以降の配賦額を調整します。

月次 月次配賦経費計上時の仕訳

借　方		貸　方	
租税公課	×××	未払費用	×××

支払 固定資産税納付時の仕訳

借　方		貸　方	
未払費用	×××	現金	×××

第7章　月次決算でタイムリーな経営状況がわかる

各種保険料

基本的に前年実績をもとに配賦額を決めますが、新規契約・解約などの具体的な情報があれば、その額を反映させます。

月次 月次配賦経費計上時の仕訳

借　方	貸　方
支払保険料　×××	未払費用　×××

支払 保険料支払時の仕訳

借　方	貸　方
未払費用　×××	現金　×××

退職給付費用

退職金は、現在の会計基準で給料の後払いとみなすため、費用は毎月計上し、支給時期まで引当金として計上しておきます。退職金の額は、退職金規定がある場合はそれにのっとって計算します。退職金規定がない場合は、過去の実績などから見積もります。

月次 月次配賦経費計上時の仕訳

借　方	貸　方
退職給付費用×××	退職給付引当金×××

支払 退職金支給時の仕訳

借　方	貸　方
退職給付引当金×××	普通預金　×××

労働保険料

労働保険料の計算対象期間は4月〜翌3月なので、翌3月にならないと確定しません。当期中に支払う給与総額を想定し、事業負担分のパーセントをかけて年間労働保険料の金額を算出します。

月次 月次配賦経費計上時の仕訳

借　方	貸　方
法定福利費　×××	前払費用　×××

※「前払費用」ではなく、「立替金」、「未払費用」、「預り金」などで処理する場合もあります。

支払 労働保険料納付時の仕訳

借　方	貸　方
前払費用　×××	現金　×××

いつ金額確定するのかや、仕訳のやり方を把握して、ミスが起きないようにしましょう。年次決算（➡P190）にも関係してきます

月次配賦表

科目	年間予定額	4月	5月	6月	7月	8月	9月	10月	11月	12月	1月	2月	3月
賞与	240,000	20,000	20,000	20,000	20,000	20,000	20,000	20,000	20,000	20,000	20,000	20,000	20,000
減価償却費	18,000	1,500	1,500	1,500	1,500	1,500	1,500	1,500	1,500	1,500	1,500	1,500	1,500
固定資産税	6,000	500	500	500	500	500	500	500	500	500	500	500	500
保険料	12,000	1,000	1,000	1,000	1,000	1,000	1,000	1,000	1,000	1,000	1,000	1,000	1,000
退職給付費用	36,000	3,000	3,000	3,000	3,000	3,000	3,000	3,000	3,000	3,000	3,000	3,000	3,000
労働保険料	2,160	180	180	180	180	180	180	180	180	180	180	180	180

■ 主な金額確定月または支払月　　　　　　　　　　　（単位：千円）

advice 貸借対照表科目の残高の確認方法

貸借対照表の各科目は、それぞれに対応する実際のものがあります。帳簿上の額と実際の額とを一致させておくことが大切です。ただし、月次決算はスピードが求められます。概算でよいもの、細かく確認するものを区別し、対応しましょう。

現金
手提金庫などを実査し、実際の金額を確認します。

預金
通帳の残高と帳簿の残高を照合します。

売掛金
売掛金元帳を作成している場合は、売掛金残高一覧表（会計ソフトを使っている場合は補助残高一覧表）を作成し、入金不足や仕訳ミス（支払手数料相殺もれなど）がないか確認します。

未収入金
売掛金と同様に確認します。

仮払金
未精算の仮払金がないかを、まず確認します。

買掛金
基準どおり支払われているか、当月仕入れた分がきちんと計上されているかを確認。売掛金同様に残高一覧表などを使います。

未払金
買掛金と同様に確認しますが、ランダムに発生し、支払条件もさまざまなので注意が必要です。

預り金
預り金の一覧表（または補助残高一覧表）などを使い、貸方、借方、残高を精査します。源泉所得税や住民税は、前月の控除額が正しく納付されているか確認します。厚生年金保険料、健康保険料などは、従業員負担分が貸方に正しく計上されているか、納付分が正しく借方に計上されているかを確認します。

その他
そのほかの資産・負債の科目の緊急度はそれほど高くありませんが、合計残高試算表や総勘定元帳を一覧し、異常な増減がないかなどを確認します。

月の試算表は決算書のもとになる

毎月

総勘定元帳から試算表を作る

年度の終わりに行う決算業務のなかに、「試算表」の作成があります。**試算表とは、すべての勘定科目の合計額と残高を一覧でまとめた表**のこと。勘定科目の合計額を借方と貸方で集計した「合計試算表」、各勘定科目の残高を集計した「残高試算表」、それらを合わせた「合計残高試算表」があります。

日々の経理業務では、発生した取引を仕訳帳（→ P124）に記入し、仕訳帳から総勘定元帳を作成（→ P126）します。そして決算の際は、総勘定元帳から試算表を作成し、その試算表をもとに貸借対照表などの決算書を作成するという流れになります。

試算表を作ることで、仕訳帳から総勘定元帳への転記が正しく行われているかをチェックすることができます。年次だけでなく月次でも試算表を作成しておけば、決算時の負荷を軽減することができます。

合計試算表の記入例

残高試算表の記入例

[総勘定元帳]

合計残高試算表の記入例

試算表の借方と貸方の合計金額は必ず一致します。これは、合計残高試算表だけでなく、合計試算表や残高試算表も同様です

毎月

月次決算の決算書類を作成する

決算整理をして精算表を作る

　試算表を作成したら、それをもとに「決算整理」を行い、その後、決算書を作成します。決算整理とは、経営成績や財政状態を正しく表すために、いくつかの事項について帳簿を修正すること。現金過不足の処理（→P194）、消耗品の整理、固定資産の減価償却（→P130）などです。決算整理をする際に「精算表」を作れば、そのような項目をどう修正したのか、また、貸借対照表や損益計算書に記入する数字はどうなるかを一覧にして把握できます。そして精算表から各項目と数値を転記し、貸借対照表と損益計算書を作ります。

月次決算書作成の流れ

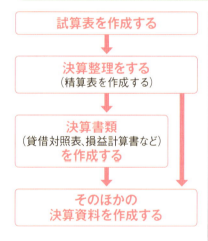

貸借対照表や損益計算書については、第9章でくわしく説明しています

月次決算での貸借対照表の例

貸借対照表

2016年○月度　　　　　　　　　　　　　　　　　　　　単位：百万円

資産の部				負債・純資産の部			
科目	前月	当月	増減	科目	前月	当月	増減
流動資産	2,391	2,365	△26	流動負債	764	740	△24
現金預金	413	237	△176	買掛金	411	410	△1
受取手形	1,126	1,256	130	短期借入金	195	180	△15
売掛金	570	573	3	その他流動負債	158	150	△8
商品	195	195	0	固定負債	320	310	△10
その他流動資産	87	104	17	長期借入金	320	310	△10
固定資産	580	578	△2	負債合計	1,084	1,050	△34
有形固定資産	375	373	△2	資本金	200	200	0
建物	188	188	0	資本剰余金	50	50	0
車両運搬具	66	60	△6	利益剰余金	1,637	1,643	6
工具器具備品	43	43	0	（うち当期純損益）	67	73	6
減価償却累計額	△129	△125	4				
土地	207	207	0				
投資その他	205	205	0	純資産合計	1,887	1,893	6
資産合計	2,971	2,943	△28	負債・純資産合計	2,971	2,943	△28

月次決算での損益計算書の例

2016年○月度　損益状況　　　　　　　　　　　　　　　　　　単位：百万円

	当月				累計			コメント
	前年同月	予算	実績	差額	予算	実績	差額	
売上高	502	560	546	△14	2,190	2,180	△10	
売上原価	360	400	390	△10	1,560	1,563	3	
売上総利益		160	156	△4	630	617	△13	
人件費	68	71	74	3	265	268	3	
給与手当	34	35	37	2	145	149	4	
賞与	14	15	15	0	60	60	0	
法定福利費他	20	21	22	1	60	59	△1	
販売費	55	56	60	4	218	212	△6	
荷造運賃	18	18	20	2	83	79	△4	
広告宣伝費	28	26	30	4	125	120	△5	
販売促進費	9	12	10	△2	10	13	3	
一般経費	17	16	18	2	70	67	△3	
販売管理費　計	140	143	152	9	553	547	△6	
営業損益	2	17	4	△13	77	70	△7	
営業外収益	0	0	0	0	6	6	0	
営業外費用	0	0	1	1	6	6	0	
経常損益	2	17	3	△14	77	70	△7	
純損益	2	17	3	△14	77	70	△7	

※決算書類の数字の前の「△」はマイナスを表しています。

気をつけたい
月次処理の項目

給与、社会保険料、源泉所得税に注意！

　毎月継続的に発生する処理のなかでも、給与や社会保険料、源泉所得税はややこしいものといえます。整理して理解しておきましょう。
　まず給与は、所得税の源泉徴収（➡ P174）、社会保険料（➡ P172）などのほかに、労使協定による組合費、公売代金、社宅費などを控除して、差引支給額を支払います。支払いの際、従業員には「給与支払明細書」を発行する一方で、各個人の明細を合計した「給与明細一覧表」も作成し、それにもとづいて経理処理をします。
　社会保険料と労働保険料は、それぞれ会社負担分と従業員負担分が決められており、会社は給与から従業員負担額を控除し、会社負担額とあわせて納付することになっています。
　源泉所得税は、前月に給与を支給した際に従業員から徴収したものを、毎月10日までに納付します（➡ P180）。

第8章
給与計算をするのも経理の仕事

中小企業では、月々の給与計算を経理担当者が行うこともあります。
給与計算ソフトを使う会社もありますが、
社会保険や税金とも関係してくるので、
基本的な事柄は覚えておいて損はありません。
一見複雑そうな年末調整ですが、手順を理解してしまえば簡単です。

給与に関わる仕事の内容と流れ

労務の仕事は個人情報に関わる。取り扱いは慎重に

　社員やアルバイトなどの従業員が働いた見返りに支払われるものが給与です。日給、月給、時給などの支払い方法や、給与計算の方法は会社の規定にもとづいて行われます。

　会社によってさまざまですが、**労務担当が給与計算・社会保険料の計算を、経理担当が給与の振込、源泉税・住民税の納付、社会保険料の納付や会計処理**（仕訳）を行う場合が多いでしょう。

　給与や社会保険に関する業務は「労務」と呼ばれ、従業員の個人情報に関わる重要な仕事です。帳票類やデータの扱いには十分な注意をする必要があります。労務担当の業務は、1月の源泉所得税の納付から始まって、12月の年末調整まで、1年間のスケジュールに沿って繰り返されています。

　また労務担当の業務である給与計算では、たとえば月末締め・翌月25日支給のケースなら、右ページにあるようなスケジュールになり、**給与計算や振込手続きなどの作業が毎月発生**します。どのタイミングでどんな作業があるのか確認しておきましょう。

労務担当者の年間スケジュール

1月20日	〈源泉所得税〉	納期の特例を利用する場合、源泉所得税を納付
31日	〈雇用保険・労災保険〉	第3期労働保険料納付
	〈源泉所得税〉	法定調書合計表を提出
	〈その他〉	給与支払報告書を市区町村に提出
7月10日	〈健康保険・厚生年金〉	被保険者報酬月額算定基礎届提出
	〈源泉所得税〉	納期の特例を利用する場合、源泉所得税を納付
	〈雇用保険・労災保険〉	労働保険料の年度更新と申告書の提出（6月1日～）全期または第1期労働保険料納付
10月31日	〈雇用保険・労災保険〉	第2期労働保険料納付
12月		年末調整とそれにともなう所得税の追徴・還付

毎月 行う仕事

- 源泉所得税や住民税の納付（毎月10日まで）
- 社会保険料の納付（毎月末）

給与計算のスケジュール例

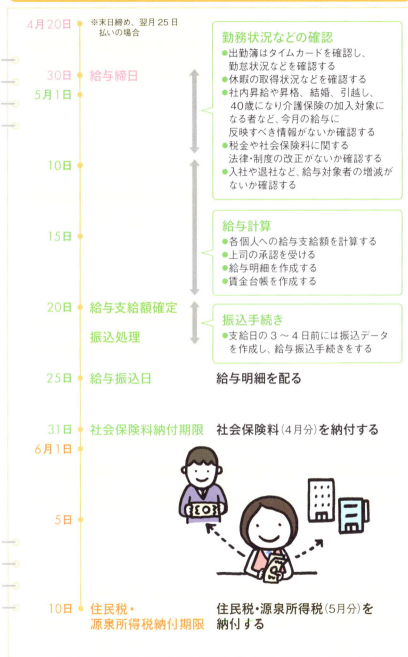

※末日締め、翌月25日払いの場合

- 4月20日
- 30日　給与締日
- 5月1日

勤務状況などの確認
- 出勤簿はタイムカードを確認し、勤怠状況などを確認する
- 休暇の取得状況などを確認する
- 社内昇給や昇格、結婚、引越し、40歳になり介護保険の加入対象になる者など、今月の給与に反映すべき情報がないか確認する
- 税金や社会保険料に関する法律・制度の改正がないか確認する
- 入社や退社など、給与対象者の増減がないか確認する

- 10日
- 15日

給与計算
- 各個人への給与支給額を計算する
- 上司の承認を受ける
- 給与明細を作成する
- 賃金台帳を作成する

- 20日　給与支給額確定　振込処理

振込手続き
- 支給日の3～4日前には振込データを作成し、給与振込手続きをする

- 25日　給与振込日　**給与明細を配る**

- 31日　社会保険料納付期限　**社会保険料**（4月分）**を納付する**
- 6月1日
- 5日
- 10日　住民税・源泉所得税納付期限　**住民税・源泉所得税**（5月分）**を納付する**

第8章　給与計算をするのも経理の仕事

給与支給額がどうやって決まるのかざっくり把握する

支給額から控除額を引くと、手取りになる

　給与計算はどのようにして行われているのでしょうか。その概要をおおまかに示したものが下の図です。簡単にいえば、**「支給額から控除金額を引いたものが差引支給額（手取り）になる」**ということです。

　具体的な業務の流れは次のようになります。まず締め日に労務担当者からデータを受け取り、遅刻や早退などの勤務状況を確認し、残業代を計算します。基本給に残業手当や休日出勤手当などの各種手当を加算して、総支給額を決定。そこから社会保険料（➡ P170）や税金（➡ P174）を控除して（差し引いて）、差引支給額を求めます。

　給与の**支給額についての決まりには、社内の給与規程と、税金や社会保険といった社外制度の2つ**があります。給与計算を担当する場合には、これらの規定・制度についても理解しておきましょう。

　ただ、これらの決まりを理解してしまえば、給与計算の業務の大部分はすでに習得したも同然です。あとの**具体的な実務知識については、会社ごとのルールや給与計算ソフトによって異なる**ので、実践しながら身に付けていくことになります。

給与明細で給与の内訳を見る

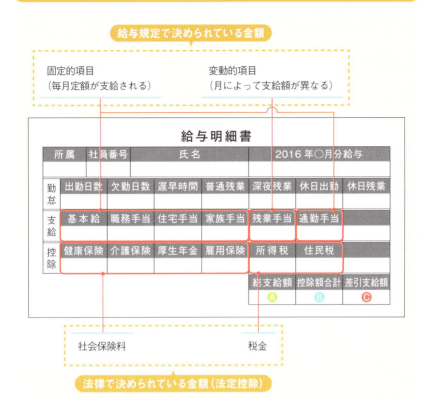

給与支給額を決めている決まり

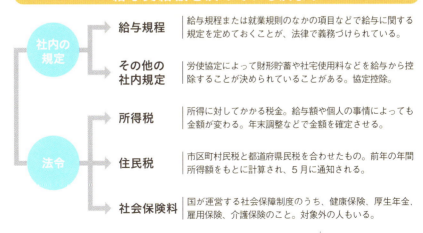

給与で支給されるものの内訳を把握する

変動的給与と固定的給与がある

　給与明細書の支給額の欄には、基本給以外にもいろいろな項目が記載されています。支給項目は大きく分けて2種類。**給与の改定や家族の状況などに変化がなければ1年間は変動しない「固定的項目」と、勤務の状況により毎月変動する「変動的項目」**です。また、**給与は原則として所得税の対象（➡ P174）となりますが、非課税の項目もあります**。

　労働時間の上限は労働基準法で定められており、**上限を超えて労働させた場合には、時間外労働として割増賃金を支払う必要があります（➡ P168）**。また休日に労働させた場合も割増賃金を支払います。割増率も最低基準が労働基準法で定められています。

　給与の仕訳（➡ P169）は、給与締日、給与支給日、社会保険料・税金の納付日など数回に分けて行います。

給与明細と支給項目

給与明細書

所属	社員番号	氏名		2016年○月分給与			
勤怠	出勤日数	欠勤日数	遅早時間	普通残業	深夜残業	休日出勤	休日残業
支給	基本給	職務手当	住宅手当	家族手当	残業手当	通勤手当	
控除	健康保険	介護保険	厚生年金	雇用保険	所得税	住民税	
					総支給額	控除額合計	差引支給額

支給項目
従業員の給与計算期間における労働の対価。基本給のほか、能力に応じて支給される手当や生活の補助のために支給される手当などがある

支給項目の例

固定的項目	基本給	従業員の労働に対する基本的な賃金。年齢や職種によって決められていて、改定があったときに修正する。
	職務手当	営業職や管理職など、職務に応じて定められている手当。
	住宅手当	家賃などの住居費の補助として支給される手当。
	家族手当	子どもなど、扶養家族をもつ従業員に対して生活支援のために支給される手当。
	通勤手当	通勤定期券の交通費など、通勤にかかる費用を支給される手当。引越しなどで変更があった場合は修正が必要になる。
	役職手当	部長や課長など、役職に応じて定められている手当。役職の任免があった場合に修正する。
	資格手当	会社が定める特定の資格をもっている場合に、支給される手当。
変動的項目	時間外労働手当	いわゆる残業代。法定労働時間を超えて働いた場合に、労働基準法で定められた割増賃金（25％以上）を支給する。
	深夜労働手当	深夜労働をした場合の手当。労働基準法で定められた割増賃金（25％以上）を支給する。
	休日労働手当	休日に働いた場合の手当。労働基準法で定められた割増賃金（35％以上）を支給する。
	歩合給	出来高や営業成績などに応じて支給される給与。

非課税項目の例

通勤手当	交通機関を利用する人の場合は1カ月あたり100,000円まで非課税。交通機関を利用しない人は、距離に応じた一定額（⇒ P73）。
宿日直手当	1回の宿日直手当のうち4,000円までの分が非課税となる。
在外手当	海外で勤務している人に支給される在外手当のうち、生活水準などの差を埋めるために支給されるものは、非課税となる。
技術の習得費	会社の職務に必要な技術や免許の習得費用、講座参加費などは非課税となる。
食事の支給	食事の半額以上を自己負担していて、会社の負担額が1カ月あたり3,500円以下の場合は非課税となる。
旅費	出張など業務上の旅行に通常必要な支出のために支給されるもの。出張時の交通費や宿泊代など。

通勤手当など、非課税枠の制限を超えた場合は、所得税の計算の際に課税対象となります

時間外労働手当の計算方法

月額給与額

家族手当や通勤手当、住宅手当など、個人の事情にもとづく手当や賞与を除いた、1カ月分の給与額。ただし、同じ通勤手当や住宅手当という項目名でも、個人の事情に関係なく一律に支給される場合は含める

1カ月の所定労働時間

所定労働時間が毎月同じ場合はその時間数、月によって異なる場合は年間の所定労働時間数を、12で割った時間

時間外労働割増賃金
（1日8時間を超える場合など）

通常の時給の1.25倍以上の割増賃金を支払う

$$\frac{月額給与額}{1カ月の所定労働時間} \times 1.25$$

深夜労働割増賃金
（午後10時～午前5時までの間に働いた場合）

通常の時給の1.25倍以上の割増賃金を支払う

$$\frac{月額給与額}{1カ月の所定労働時間} \times 1.25$$

時間外労働が深夜に及んだ場合は1.5倍以上の割増賃金を支払う

$$\frac{月額給与額}{1カ月の所定労働時間} \times 1.5$$

休日労働割増賃金
（法定休日に働いた場合）

通常の時給の1.35倍以上の割増賃金を支払う

$$\frac{月額給与額}{1カ月の所定労働時間} \times 1.35$$

休日労働が深夜に及んだ場合は1.6倍以上の割増賃金を支払う

$$\frac{月額給与額}{1カ月の所定労働時間} \times 1.6$$

※休日をほかの日に振り替えた場合は休日労働にはならない。
※厚生労働省の定めでは、深夜労働は原則的に午後10時～午前5時だが、地域などによって異なる場合がある。
※法定休日：労働基準法で設けることが定められた、週に1回または4週間で1日の休日。

［ 月給制以外の場合 ］

- 日給制の場合は、日給を1日の所定労働時間数で割った額に、日によって所定労働時間数が異なる場合は1日の平均所定労働時間数で割った額に、割増率をかける。
- 週給制の場合は、週給を週の所定労働時間数で割った額に、週によって所定労働時間数が異なる場合は、4週間における週の平均所定労働時間数で割った額に、割増率をかける。

［ 残業手当の対象にならない場合 ］

労働実態と労働時間の管理がなじまない場合は、所定の手続きをすれば労働時間の管理や割増賃金の支払い対象外とされる。一定規模の部門の長や経営者、出動頻度が少なく待機時間が発生する修繕の仕事などが該当する。

給与の支給と仕訳

締日（給与額決定時）

給与 300,000円と旅費交通費 10,000円から社会保険料などを控除した額を計上し、支払い手続きをした。

給与手当＝費用と旅費交通費＝費用が増えたので借方に、預り金＝負債と未払金＝負債が増えたので貸方に入れる。

借　方		貸　方	
給与手当	300,000	預り金(社会保険料)	40,000
		預り金(源泉所得税)	15,000
旅費交通費	10,000	預り金(住民税)	10,000
		未払金	245,000

支給日

控除後の給与額（差引支給額）を普通預金口座から振り込んだ。

未払金＝負債が減ったので借方に、普通預金＝資産が減ったので貸方に入れる。

借　方		貸　方	
未払金	245,000	普通預金	245,000

社会保険料の納付日

従業員から預かった社会保険料40,000円を会社負担分の社会保険料40,000円分と合わせて普通預金口座から納付した。

預り金＝負債が減ったのと法定福利費＝費用が増えたので借方に、普通預金＝資産が減ったので貸方に入れる。

借　方		貸　方	
預り金(社会保険料)	40,000	普通預金	80,000
法定福利費	40,000		

税金の納付日

従業員から預かった所得税と住民税を、普通預金口座から納付した。

預り金＝負債が減ったので借方に、普通預金＝資産が減ったので貸方に入れる。

借　方		貸　方	
預り金(源泉所得税)	15,000	普通預金	25,000
預り金(住民税)	10,000		

第8章 給与計算をするのも経理の仕事

社会保険の種類と控除の対象を押さえる

知識 / 毎月

国の社会保障制度を支えるお金

　給与から税金以外に控除する項目として、社会保険料があります。**社会保険とは、国が運営する社会保障制度のうち、健康保険や介護保険、厚生年金保険、労働者災害補償保険（労災）、雇用保険のこと**をいいます。このうち健康保険、介護保険、厚生年金保険の保険料は、会社と従業員が半額ずつ負担することになっています。労働者災害補償保険は会社が100％負担するので給与額には関係しません。雇用保険は業種によって、会社と従業員との負担割合が異なります（➡ P173）。

　税金との違いは、**社会保険料は必ずしも従業員全員が控除の対象にならない**ことです。たとえば介護保険は40歳以上の社員だけが加入対象ですし、パートタイマーやアルバイトなどは、労働条件によって各保険の対象とならないこともあります。したがって、社会保険を計算するうえでは各従業員の労働状況を正確に把握することが必要になります。

　入社や退社の時期によっては保険料控除の時期も変わってくるので、間違えないようにしましょう。

パートタイマーが社会保険の被保険者になる条件

[健康保険・厚生年金保険]

❶ 1日または1週間の所定労働時間が一般従業員のおよそ4分の3以上ある

❷ 1カ月の所定労働時間が一般従業員のおよそ4分の3以上ある

上記2つの条件を満たす場合、被保険者となる。

[労災保険]

すべてのパートタイマーが被保険者となる。

[雇用保険]

❶ 1週間の所定労働時間が20時間以上である

❷ 31日以上引き続き雇用されることが見込まれる

上記2つの条件を満たす場合、被保険者となる。

社会保険の種類

広義の社会保険

狭義の社会保険

健康保険 負担割合：会社 50% 従業員 50%
被保険者やその家族（被扶養者）の病気やケガ、死亡、出産などについて保険給付を行う。年金事務所や健康保険組合に納付する。

介護保険 負担割合：会社 50% 従業員 50%
要介護状態になった場合に提供される医療・福祉サービスに対して保険給付を行う。40 歳以上の従業員から徴収し、健康保険組合などに健康保険料と一緒に納付する。

厚生年金保険 負担割合：会社 50% 従業員 50%
障害を負ったり死亡したときや老齢になったときに保険給付を行う。年金事務所に納付する。

労働保険

労災 負担割合：会社 100%
業務に起因する、病気やケガ、死亡などの事故に対して保険給付を行う。労働局に、雇用保険料と一緒に納付する。

雇用保険 負担割合：一定割合を会社負担
失業した場合や雇用継続が困難となった場合に、失業手当や職業訓練費用などの給付を行う。労働局に、労災保険料と一緒に納付する。

入社・退社と控除の有無

［ 月途中で入社した場合 ］

入社月の翌月分の
給与から控除

たとえば
5月10日入社の場合
↓

5月分給与
控除なし

6月分給与
控除あり
（5月分の保険料が控除される）

［ 月途中で退社した場合 ］

退社月の前月分の
給与まで控除

たとえば
5月10日退社の場合
↓

5月分給与
控除あり
（4月分の保険料が控除される）

6月分給与
控除なし
（5月分の保険料は控除されない）

［ 月末に退社した場合 ］

退社月と退社前月の
2カ月分が控除される

たとえば
5月末日退社の場合
↓

5月分給与
控除あり
（4月分の保険料が控除される）

6月分給与
控除あり
（5月分の保険料が控除される）

※当月給与から前月分保険料を控除する場合で、末日締め翌月 25 日払いの場合。

社会保険料の計算は標準報酬月額表を使う

毎月

表を使って保険料を計算する

　社会保険料の計算には、まず「標準報酬月額」を決定させる必要があります。標準報酬月額とは、社会保険料の算定の基礎となる標準的な給与のこと。標準的な給与とは、給与のほか、通勤手当や残業手当など、下の図にある「社会保険料の対象となるもの」を合計した金額です。各従業員の**標準報酬月額を「健康保険・厚生年金保険の保険料額表」に当てはめると、納めるべき社会保険料の額がわかります**。

　では標準報酬月額はどのようにして決まるのでしょうか。会社では毎年、日本年金機構から送られてくる「算定基礎届」に、毎年4、5、6月の報酬月額を記入し、7月10日までに返送します。これによって標準報酬月額が決定（定時決定）します。**決定した標準報酬月額にもとづいた社会保険料は、その年の9月から翌年8月まで適用される**ことになります。

　定時決定のほかに、**従業員が入社したときに決まる「資格取得時決定」、固定給が大幅に変わったときに改定される「随時改定」**があります。ただし残業代などの変動的給与が大幅に変わっても改定は行われません。

　雇用保険の控除額の計算は非常に簡単です。その月の支給額に保険料率をかけるだけです。保険料率や従業員・会社の負担割合は業種によって異なります。ちなみに労災保険料はすべて会社が負担します。

社会保険料の対象となるもの

対象となるもの ○
- 基本給
- 役職手当
- 職務手当
- 勤務地手当
- 宿日直手当
- 家族手当
- 通勤手当
- 住宅手当
- 残業手当　など

対象とならないもの ×
- 退職金
- 結婚祝金
- 災害見舞金
- 病気見舞金
- 慶弔費
- 健康保険の傷病手当金
- 休業補償給付　など

社会保険料の控除額の計算方法

[計算時期] 年1回9月に行う
（給与額が変更になった場合などは、随時見直しを行う）

[計算方法] 控除額 = 標準報酬月額（または標準賞与額） × 各保険料率（加入している健康保険によって異なる）

介護保険料

協会けんぽ（東京都）の場合、介護保険料率は 7.9 ／ 1,000。標準報酬月額が 240,000 円の場合は、240,000 × 7.9 ／ 1,000 ＝ 1,896 円となる。

健康保険・厚生年金保険料

※協会けんぽ（東京都）2016年3月分からの保険料額表による。

4・5・6月の月給が 基本給：220,000円 残業手当：20,000円
通勤手当：7,000円の場合、標準報酬月額：240,000円なので、
健康保険料：11,952円 厚生年金保険料：21,394円

雇用保険料の控除額の計算方法

[計算時期] 毎月計算する

[計算方法] 控除額 ＝ その月の支給額 × 雇用保険料率

その月の月給が
基本給：220,000円
残業手当：20,000円
通勤手当：7,000円
の場合、
支給額：247,000円
なので、
雇用保険料：988円

事業の種類	保険料率	事業主負担率	被保険者負担率
一般の事業	11/1,000	7/1,000	4/1,000
農林水産・清酒製造の事業	13/1,000	8/1,000	5/1,000
建設の事業	14/1,000	9/1,000	5/1,000

173

源泉所得税は税額表を使い、住民税は通知に従う

住民税・所得税は天引きして納める

給与を支払う際には、住民税と所得税の手続きも必要です。

住民税は、従業員が住む市区町村に支払う税金です。前年の給与支払報告書を翌年1月に市区町村に提出すると、5月頃に住民税の納付書が会社に送られてきます。この**納付書の金額を給与から天引きして、会社が本人に代わって市区町村に納付**します。この納付方法を「特別徴収」とよびます。

所得税も、会社があらかじめ給与から天引きして、本人に代わって税務署に納めることになっています。**このことを「源泉徴収」とよび、会社が天引きして納める所得税を「源泉所得税」**とよびます。

源泉徴収する税額を求めるには、まず、総支給額から非課税額や社会保険料合計を引き、課税対象額を計算します。そして最後に「源泉徴収税額表」に当てはめて求めます。**源泉所得税は、徴収した月の翌月10日までに税務署に納付します。**なお源泉徴収税額表には月額表・日額表・賞与の3種類があり、さらに給与の支払いサイクルや給与額により使用する欄が分かれています。

住民税の納付方法

[計 算 時 期]	年1回6月に改訂
[計 算 方 法]	従業員が住んでいる市区町村が計算し、「納付書」で金額が会社に通知される
[納 付 時 期 な ど]	翌月10日までに従業員が住んでいる市区町村に納付

[徴収額確定の流れ]

1月31日まで
「給与支払報告書」を従業員が住んでいる市区町村に提出する

→ 市区町村が住民税を計算 →

5月頃
市区町村から住民税の「納付書」が送られてくる

6月から翌年5月まで
「納付書」に従って、毎月の給与から住民税を控除する

174

源泉所得税の計算方法

課税対象額が295,000円で「扶養親族等」が0人の場合、8,140円となる

源泉徴収税額表の種類と使い分け

源泉徴収税額表は下の表のように3種類あり、「甲欄」「乙欄」といったように欄が分かれています。

表の種類	各表を使うケース	欄	各欄の使い分け
月額表	月単位で給与を支給する場合や、半月または10日単位で支給する場合など	甲	扶養控除等申告書を提出する場合
		乙	扶養控除等申告書を提出しない場合や、複数から給与を得ていて副業として働いている場合
日額表	日払いのように毎日給与を支給する場合や週給の場合、中途入社などで日割りで支給する場合など	甲	扶養控除等申告書を提出する場合
		乙	扶養控除等申告書を提出しない場合や、複数から給与を得ていて副業として働いている場合
		丙	日々雇い入れる人の場合や、雇用期間が2カ月以内の臨時雇用の場合など
賞与に対する源泉徴収税額の算出率の表	賞与の場合。ただし前月中の給与の支払いがない場合などは月額表を使う	甲	扶養控除等申告書を提出する場合
		乙	扶養控除等申告書を提出しない場合や、複数から給与を得ていて副業として働いている場合

賞与からも社会保険料や税金が控除される

適宜

基本的な計算方法は給与と同じ

　賞与支給にかかる社会保険料や税金の処理は、基本的には給与と同じように行います。ただ控除項目によっては、少し異なる部分があります。

　まず社会保険料は、給与の場合と全く同じです。**標準賞与額に社会保険各項目の保険料率をかけて計算**します。雇用保険料も同様に計算します。

　所得税については、賞与の支給総額から社会保険料の合計額を差し引き、その額に税率をかけて税額を算出します。税率は、源泉徴収税額表で確認します。なお**住民税については、前年の給与総額をもとにした金額を毎月納めているので、賞与から引くことはありません。**

　また**役員賞与は従業員の賞与とは取り扱いが多少異なります**。従業員賞与が損金（→P134）になるのに対して、役員賞与は基本的に損金に算入できません。ただし事前の届出をして基準を満たせば損金算入が認められます。

賞与の仕訳

○─ 当期の賞与の支給額2,000,000円を見積もり計上した。

賞与引当金繰入＝費用が増えたので借方に、賞与引当金＝負債が増えたので貸方に入れる。

借　方	貸　方
賞与引当金繰入　2,000,000	賞与引当金　2,000,000

○─ 夏季賞与4,000,000円を源泉所得税と社会保険料800,000円を控除して、普通預金口座から振り込んだ。

賞与＝費用が増えたのと賞与引当金＝負債が減ったので借方に、普通預金＝資産が減ったのと預り金＝負債が増えたので貸方に入れる。

借　方	貸　方
賞与　2,000,000	普通預金　3,200,000
賞与引当金　2,000,000	預り金　800,000

賞与から控除される社会保険料の計算方法

[社会保険料] 控除額 ＝ 標準賞与額 × 保険料率

標準賞与額は、総支給額の1,000円未満を切り捨てた額。標準賞与額には上限があり、健康保険料は年間5,400,000円、厚生年金保険料は1カ月当たり1,500,000円までです。超えた分には保険料がかかりません。

保険料率は加入している健康保険によって異なり、保険料率表などで確認します。たとえば、協会けんぽ（東京都）の場合、健康保険料は49.80/1,000、介護保険料は7.9/1,000、厚生年金は89.14/1,000です。（2016年4～8月分）

[雇用保険料] 控除額 ＝ 賞与額 × 雇用保険料率

社会保険料の控除額の計算方法や会社と従業員の負担割合は、賞与も給与も同じです

雇用保険料率は、給与の場合（→P173）と同じです。

賞与から控除される税金の計算方法

控除額 ＝ (賞与額 － 社会保険料) × 税率

↓

源泉徴収税額表で徴収額を調べる

↓

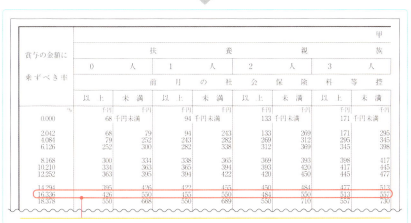

賞与額が550,000円で社会保険料が50,000円で、扶養親族が0人の場合、税率は16.336％。
このため源泉所得税の額は、(550,000－50,000)×16.336/100＝81,680円

退職金は税金が優遇される

届出の有無で計算方法が変わる

　従業員が退職する際、過去の勤務に対するねぎらいの意味で退職金を支払う会社は多くあります。しかし実は、**給与と違って退職金の支払いは義務ではありません**。就業規則で退職金について決められている場合のみ、支払うことになります。

　退職金は退職時に一括して支払われ、所得税と住民税（➡ P174）が課税されます。ただし給与と異なって、社会保険料は控除されません。退職金にかかる所得税や住民税は、給与とは違った方法で計算されます。**退職金はほかの所得に比べて、税制が優遇されている**といえます。

　所得税の計算方法は、右のページのように、退職金額から勤続年数に応じた「退職所得控除額」を差し引き、その額に2分の1をかけて「課税退職所得金額」を求めます。次に「退職所得の源泉徴収税額の速算表」に当てはめて、税額を計算します。住民税は課税退職所得金額×10％で計算します。

　ただしこれは**「退職所得の受給に関する申告書（退職所得申告書）」を提出している場合**です。提出していない場合は、退職金額に、所得税は20.42％、住民税は10％をかけて算出します。

　所得税・住民税は退職金の支払時に天引きして会社が預かり、翌月10日までに税務署と市区町村に納付します。

退職金にかかる住民税の計算方法

納付額 ＝ **課税退職所得金額** × 10％

源泉所得税は退職金額などによって課税率が異なりますが、住民税は一律10％なので簡単です

退職金にかかる源泉所得税額の計算方法

納付額 = 「退職所得の受給に関する申告書」を提出している場合は、「退職所得の源泉徴収税額の速算表」を使って計算する

退職所得の源泉徴収税額の速算表

課税退職所得金額Ⓐ	所得税率Ⓑ	控除額Ⓒ	税額＝(Ⓐ×Ⓑ－Ⓒ)×102.1%
195万円以下	5%	0円	(Ⓐ×5%)×102.1%
195万円を超え330万円以下	10%	97,500円	(Ⓐ×10%－97,500円)×102.1%
330万円を超え695万円以下	20%	427,500円	(Ⓐ×20%－427,500円)×102.1%
695万円を超え900万円以下	23%	636,000円	(Ⓐ×23%－636,000円)×102.1%

※特定役員手当等（役員等勤続年数5年以下の人で、その役員等勤続年数に対応する退職手当等を受け取るもの）には適用されません。

課税退職所得金額 ＝ (**退職金額** － **退職所得控除額**) × 1/2

勤続年数	退職所得控除額
20年以下	勤続年数×40万円 （控除額が80万円未満の場合は80万円とする）
20年超	（勤続年数－20年）×70万円＋800万円

※勤続年数の1年未満の端数は1年として計算する。
※障害者になったことが原因で退職した場合は、上記計算額に100万円を加えたものを退職所得控除額とする。

勤続30年の社員で退職金支給額2,000万円の場合、
退職所得控除額：(30年－20年)×70万円＋800万円＝1,500万円
課税退職所得金額：(2,000万円－1,500万円)×1/2＝250万円
速算表の計算式に当てはめて、
納付額：(250万円×10%－97,500円)×102.1%＝155,702円

「退職所得の受給に関する申告書」を提出していない場合、源泉所得税額＝退職金額×20.42%となり、かなり高額になってしまいます

知識　毎月　毎年

社会保険料や源泉所得税、住民税を納める

中小企業は手間を省く特例が使える

　社会保険料や源泉所得税の納付の仕方についてまとめてみましょう。

　まず社会保険料ですが、毎月中旬に年金事務所または健康保険組合から、保険料の納付告知書が送られてきます。そこに記載されている金額を確認し、金融機関で社会保険料を納付します。**事前に申し込みをすることで、口座振替にすることも可能**です。

　労働保険の納付は、年度当初に概算で申告・納付しておき、翌年度の当初に精算することになっています。**前年度の確定保険料と、当年度の概算保険料をあわせて申告・納付することを「年度更新」とよびます**。年度更新は6月1日〜7月10日の間に行います。

　源泉所得税は、**その月の給与支給額をもとに、源泉徴収税額表より算出し、翌月10日までに税務署または金融機関で納付**します。特例が適用されれば毎月ではなく年2回の納付とすることも可能です。

　住民税は、**市区町村から送られてくる納付書を使って、原則として毎月10日に納めます**。ただ従業員が常時10人未満の場合、市区町村で手続きをすることで年2回のみの納付にすることができます。

advice　e-Taxを使えば電子納税ができる

「e-Tax」とよばれる、ネット上で税額を申告・納付する方法があります。国営のオンラインサービスで、電子証明書の取得や開始届の提出、専用ソフトのダウンロードなど、開始までに手間はかかりますが、一度設定してしまえば便利な制度です。パソコンだけでなく、スマートフォンで利用することもできます。所得税・法人税・消費税の申告から納付、源泉徴収票の提出などに、利用できます。

第8章 給与計算をするのも経理の仕事

給付方法のまとめ

[社会保険料]

毎月中旬に印字済みの
「納入告知書(納付書)」が
送られてくる。

↓

毎月月末までに、
納入告知書を使って金融機関や
コンビニなどで納付する。

※事前申し込みをすれば、口座振替を利用すること
　もできる。

[労働保険料]

6月1日〜7月10日の間に、
労働基準監督署などに概算で
申告し、金融機関などで納付。

↓

翌年の「年度更新」時に、
確定した保険料と精算。
前年度の確定保険料と当年度の
概算保険料をあわせて
申告・納付する。

※「概算・確定保険料申告書」は、毎年5月末頃
　までに送られてくる。
※概算保険料額が40万円(労災保険か雇用保険か
　どちらかのみの場合は20万円)以上の場合、7月・
　10月・1月の3回払いとすることもできる。

[源泉所得税]

毎月納付税額を計算し、
納付書に記入する。

↓

給与支払月の翌月10日に、
納付書を使い、税務署または
金融機関で納付する。

↓

年末調整(➡P182)を行う

※納付書は、毎年年末調整の時期に税務署から1年
　分まとめて送られてくる。
※給与だけでなく、報酬分の源泉所得税(➡P176)
　もあわせて記入し、納付する。
※給与の支払いを受ける従業員が常時10人未満の
　場合は、申請すれば納期の特例が受けられ、納付
　期限が7月10日と1月20日の年2回となる。
※事前に手続きをすれば、「ダイレクト納付」やイン
　ターネットバンキングなどで納付することも可能。

[住民税]

年1回(1月)に給与支払報告書
を市区町村に提出。

↓

市区町村が税額を計算し、
「特別徴収税額通知書」と
印字済みの納付書が
送られてくる。

↓

毎月10日までに、納付書を
使って市区町村窓口または
金融機関で納付する

※従業員の入社・退社などで税額が変更になる場合
　は、変更届を提出する。
※給与の支払いを受ける従業員が常時10人未満の
　場合は、市区町村に申請すれば納期の特例が受け
　られ、納付期日が6月10日と12月10日の年2
　回となる。
※自治体によっては、口座自動引き落としやクレジッ
　トカード決済が可能なところもある。

年末調整で源泉徴収税額を調整する

正確な所得税を計算し過不足を12月分給与で精算

　従業員の給与や賞与から天引きして税務署に納めた源泉所得税（➡ P174）は、あくまでも概算による金額を前払いしたものにすぎません。そこで、**1年が終わる段階で正確な税額を求め、払いすぎや不足していた税額を精算することが必要**になります。これが「**年末調整**」です。

　年末調整は右の図にあるような手順で行います。**まず年末調整の対象者となる人を確定**し（➡ P187）、賃金台帳と源泉徴収簿を手元に用意します。なお源泉徴収簿は国税庁のホームページ※よりダウンロードできます。

　次に、**従業員から「配偶者特別控除申告書」「保険料控除申告書」などの書類を提出してもらい、それをもとに各控除の合計額を計算**します。

　これにより、正確な所得税額が算出されます。すでに給与や賞与から概算で徴収していた額と比べて、いくら足りないか、またはいくら戻ってくるか、過不足が判明します。**過不足は12月分の給与で精算することとなります**。

　源泉徴収簿が完成したら、最後に源泉徴収票と給与支払報告書を作成します。

年末調整の流れ

年末調整の対象者を確認する。

賃金台帳と源泉徴収簿を手元に用意する。

従業員から、下記の書類を提出してもらう。
- 給与所得者の扶養控除等申告書
- 給与所得者の保険料控除申告書兼給与所得者の配偶者特別控除申告書
- 給与所得者の（特定増改築等）住宅借入金等特別控除申告書
- 以前勤務していた会社の源泉徴収票
（年度内に中途入社した人の場合）
など

提出された申告書をもとに、各控除の合計額を算出する。

徴収・還付額を算出する。源泉徴収簿を作成しながら算出すると便利。

源泉徴収票と給与支払報告書を作成する。

※ https://www.nta.go.jp/tetsuzuki/shinsei/annai/gensen/annai/1648_03.htm

源泉徴収簿の記入と調整額の算出

源泉徴収簿を記入しながら、年末調整が必要な金額を算出していきます。ここでは国税庁が作成した書式をもとにしていますが、オリジナルの書式を使っても構いません。また法律で作成が義務づけられているわけでもありません。

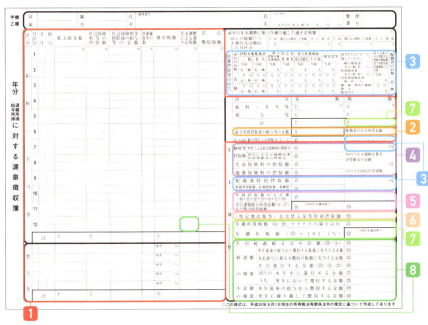

1 今年支払った給与と賞与の額を転記する

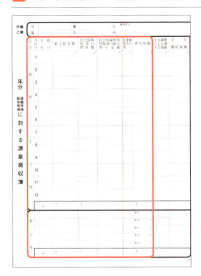

源泉徴収簿の「給料・手当等」と「賞与等」のブロックを記入していきます。支給日や総支給額など、賃金台帳をもとに記入。「支給月日」はたとえば去年の12月分の給与を今年の1月25日に支払った場合は、「1月25日」と記入します。「算出税額」の欄には、源泉徴収した所得税の金額を記入します。

⬇

「給料・手当等」の「総支給金額」「社会保険料等の控除額」「算出税額」の各合計額を計算・記入します。

⬇

「賞与等」も同様に記入し、合計額を計算・記入。

183

2 「給与所得控除後の給与等の金額」を求める

給与等の収入金額 (給与所得の源泉徴収票の支払金額)	給与所得控除額
180万円以下	収入金額×40% (65万円に満たない場合には65万円)
180万円超 360万円以下	収入金額×30%＋18万円
360万円超 660万円以下	収入金額×20%＋54万円
660万円超 1,000万円以下	収入金額×10%＋120万円
1,000万円超 1,500万円以下	収入金額×5%＋170万円
1,500万円超	245万円（上限）

「年末調整」のブロックの「計」の額をもとに、「給与所得控除額」を算出します。額によって控除額が違うので左記の表や国税庁のホームページを参考に計算します。

「給与所得控除額」が算出されたら「計」の額から引いて、「給与所得控除後の給与等の金額」に記入します。

3 配偶者控除や扶養控除の額を求める

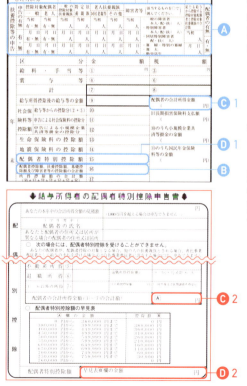

従業員から提出された『給与所得者の扶養控除等申告書』をもとに「扶養控除等の申告（Ⓐ）」と「配偶者控除額、扶養控除額（以下略）（Ⓑ）」を記入します。

「配偶者の合計所得金額（Ⓒ1）」には、『給与所得者の配属者特別控除申告書』の「配偶者の合計所得金額（Ⓒ2）」を転記します。

「配偶者特別控除額（Ⓓ1）」には、『給与所得者の配属者特別控除申告書』の「配偶者特別控除額」（Ⓓ2）を転記します。

4 保険料控除の額を記入する

 「生命保険料の控除額（Ⓐ1）」に『給与所得者の保険料控除申告書』から「生命保険料控除額計（Ⓐ2）」を転記します。

⬇

 「地震保険料の控除額（Ⓑ1）」に『給与所得者の保険料控除申告書』から「地震保険料控除額」の合計（Ⓑ2）を転記します。

⬇

「申告による社会保険料の控除分（Ⓒ1）」に『給与所得者の保険料控除申告書』から「社会保険料控除」の合計（Ⓒ2）を転記します。

⬇

 『給与所得者の保険料控除申告書』の「社会保険料控除」に記入されているもののなかに国民年金などがある場合は、「⑪のうち国民年金保険料等の金額（Ⓒ3）」に転記します。

⬇

 「申告による小規模企業共済等掛金の控除分（Ⓓ1）」に『給与所得者の保険料控除申告書』の「小規模企業共済等掛金控除」の合計（Ⓓ2）を転記します。

5 「算出所得税額」を算出する

「所得控除額の合計額」を計算・記入します。

⬇

「差引課税給与所得金額（以下略）」を計算・記入します。

課税控除所得金額Ⓐ	税率Ⓑ	控除額Ⓒ	税額＝Ⓐ×Ⓑ－Ⓒ
195万円以下	5%	－	Ⓐ× 5%
195万円超 330万円以下	10%	9万7,500円	Ⓐ×10%－ 9万7,500円
330万円超 695万円以下	20%	42万7,500円	Ⓐ×20%－42万7,500円
695万円超 900万円以下	23%	63万6,000円	Ⓐ×23%－63万6,000円
900万円超 1,800万円以下	33%	153万6,000円	Ⓐ×33%－153万6,000円

6 住宅借入金等特別控除額を記入する

『住宅借入金等特別控除申告書』が提出されている場合は、「住宅借入金等特別控除額」を記入します。

7 今年の税額を算出する

「年調所得税額」を計算・記入します。

⬇

「年調年税額」を計算・記入します。これが、今年支払うべき所得税の金額です。この金額と源泉徴収済みの所得税の額Ⓐとの差額が、年末調整が必要な金額となります。

8 年末調整する額を記入する

「差引超過額又は不足額」を計算・記入します。

⬇

源泉徴収済みの額が超過しているのか不足しているのか、いつ調整するのかに合わせて、Ⓐ1の適切な欄に記入します。

⬇

12月に給付する給与で調整する場合は、調整額等をⒶ2に記入します。

9 源泉徴収票を作成する

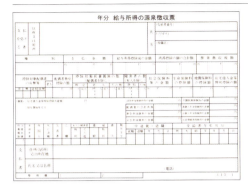

源泉徴収票と給与支払報告書を作成します。源泉徴収票は本人と税務署に1通ずつ、給与支払報告書は従業員が住んでいる市区町村に2通提出します。

年末調整の対象者の条件

すべてに当てはまる人が、年末調整の対象者

「給与所得者の扶養控除等申告書」を提出
この書類を提出していても複数の会社から給与を受け取っている場合は、年末調整をするかどうか確認しておく。

その年に給与を受け取ったことがある
年末近くに入社した社員で、12月中に給料の支払いを受ける人は年末調整の対象となる。

その年に給付された給与が2,000万円以下
額面で給与が2,000万円を超える場合は、確定申告を行うことになる。

その年の年末まで在籍している
年の途中で退職した人は対象外。ただし12月中に退職したが12月中に給与が支払われる場合は、その分までは年末調整の対象となる。

確定申告をする必要がある場合

多くのサラリーマンは、会社が年末調整をするので、確定申告をする必要がありません。ただし、年収が2,000万円超の人や給与以外の収入が20万円超ある人は必ず確定申告をしなければなりません。また、医療費控除や住宅ローンの控除（住宅ローンを組んで1年目の場合のみ）、寄附金の控除を受けたい人は、自分で確定申告をする必要があります。つまり、これらの控除は年末調整では調整できない項目ということ。各自で、源泉徴収票などを使って確定申告し、還付を受けることになります。

復興特別税は 2037年までかかる

源泉所得税・住民税とあわせて徴収される!

　東日本大震災からの復興に充てる財源の確保を目的として、所得税、住民税、法人税に上乗せするかたちで徴収されるのが、復興特別税です。復興特別税は、復興特別法人税と復興特別所得税からなりますが、復興特別法人税は2014年3月31日までで廃止されました。

　残っているのは復興特別所得税と住民税です。復興特別所得税は、2013年1月1日〜2037年12月31日までの25年間にわたり、基準所得税額の2.1％分の金額が課税されるものです。たとえば従来、所得税率10％が当てはまっていた人は、復興特別所得税を合計した税率は10.21％になります。

　また住民税では2014年度〜2023年度までの10年間、住民税の均等割に対し、都道府県民税・市区町村民税を各500円（合計1,000円）加算して支払うことになっています。

第9章

年次決算は経理の腕の見せどころ

1年間の経理の仕事の総仕上げともいえるのが「年次決算」です。
1年間の経理作業を総点検して集約することで、
会社の資産状況がわかる「貸借対照表」や
儲けがわかる「損益計算書」を作成し、
税務申告や株主総会などに備えます。

知識 | 毎年

年次決算のスケジュールと作成書類

スケジュールを立てて迅速・確実に

　月次決算では社内の経営者への報告を目的としていましたが、**年次決算は主に社外の利害関係者（株主、国、金融機関、取引先など）に会社の財政状態と経営成績を報告することを目的**としています。そのため、外部に報告するための決算書（貸借対照表や損益計算書など）を作成する際は、**「企業会計原則（➡ P229）」という原則にもとづいて作成する**必要があり、日常業務の段階からこの原則を意識して実務を行わなければなりません。

　年次決算の手続きはだいたい次のような段階で行われます。まず1年分の合計残高試算表を作り、期中の取引が正しく行われているかを確認します。次に、各勘定科目の金額を確定させる決算整理作業（➡ P192）を行い、損益計算書や貸借対照表といった決算書を作成（➡ P208）。最後に、その決算書を公開・報告し、あわせて税金の申告（➡ P212）をします。

　年次決算は、正確に処理することはもちろんスピードも求められます。スケジュール表を作成してやるべき業務を明らかにし、処理のもれやミスを防止し、効率的な運営を図りましょう。

年次決算で作成する書類の種類

貸借対照表	会社にどれだけの財産があるか、財政状態を明らかにする。
損益計算書	会社がいくら儲かっているのか、経営成績（利益）を明らかにする。
株主資本等変動計算書	剰余金の分配や処分など、利益を何に使ったのかがわかる。
個別注記表	重要な会計方針や会社の財産、損益の状態を正確に判断するために必要な事項などをまとめたもの。
附属明細書	固定資産の明細など、決算書の内容を細く掲載する資料。
事業報告	会社の事業状況を説明する資料で、経営環境や経営目標などがまとめられている。

年次決算の流れ

① 合計残高試算表の作成
月次決算で作った合計残高試算表を1年分まとめて、年次決算用の合計残高試算表を作る。

② 決算整理
- 残高確認など各金額の確認
- 経過勘定項目の処理
- 引当金の設定
- 固定資産台帳の作成
- 減価償却の処理
- 実地棚卸
- 税金項目の処理
- 精算表を作る など

③ 決算書の作成
- 損益計算書、貸借対照表などの作成

④ 決算報告
- 決算書の公開
- 税金の申告・納税

年次決算のスケジュール

3月 1日	決算予測および決算方針の決定
10日	決算に向けた各書類の提出締切を連絡する
20日	実地棚卸の準備
31日	実地棚卸の実施、決算日
4月 1日	決算整理作業の開始
10日	各種残高を確認
20日	経過勘定項目の整理
30日	決算整理の終了・資料整理
5月 1日	税務署から申告書などが届く
10日	決算書類の作成
20日	税務申告
31日	税金の納付期限
6月 1日	株主総会開催

- 決算作業終了予定日の3カ月前くらいから、スタート。節税対策や納税資金の確保を検討する
- 3月の月次決算業務
- 月次決算が終わってはじめて、年次決算がまとめられる
- 届いた税務申告書類は、税理士に渡す

※3月決算の場合。

第9章 年次決算は経理の腕の見せどころ

| 知識 | | | 毎年 |

決算整理を行い正しい数字を確定する

期末時点での資産残高を確定させる作業

「決算整理」とは、経営成績や財政状態を正しく表すために、**期末時点での各勘定科目の残高を確定させる**こと。たとえば現金では、金庫の残高を確認する実査を行います。預金は預金通帳や金融機関から取り寄せた残高証明書で残高を確認。**売掛金・買掛金は取引先に残高確認書を送って相違がないかをお互いに確認**します（→P194）。棚卸資産は、実地棚卸を行い実際の残高を把握（→P200）。株券など、購入時と価格が変わっている資産は現在の価値に修正します（→P196）。固定資産については減価償却費を計算して帳簿価格を確定させます（→P196）。これらは、すべての資産を期末時点での価格に直すための作業といえます。それぞれの項目で帳簿との間に違いがあれば、必要な会計処理をするか、違った原因を明らかにします。

月次決算（→P148）でこれらの作業を終えている場合には、年次決算で行う作業はそう多くはなく、迅速に処理することができます。**ただ社外に対して確認を依頼することも多いので、その場合は早めに依頼する**ことが大切です。

決算整理から精算表作成の流れ

① 合計残高試算表を作る

合計残高試算表				
借方残高	借方合計	勘定科目	貸方合計	貸方残高
100,000	150,000	現金	50,000	
200,000	350,000	売掛金	150,000	
500,000	750,000		750,000	500,000

月次決算で作った合計残高試算表（→P157）をもとに、各勘定科目の金額を1年分まとめた合計残高試算表を作る

決算整理

② 各勘定科目の金額を確定させる

③ 税金項目を処理する

④ 精算表を作る

②〜③の結果を「修正記入」の欄に入れて精算表を作る（→P206）

昨年のスケジュールを参考に、計画的に進めましょう

決算整理でチェックする主な内容

鑑定科目	チェック内容
現金	現金実査を行い、帳簿残高と確認する。
預金	預金通帳や銀行から取り寄せた残高証明書で確認する。
売掛金・買掛金	相手先に「残高確認書（➡ P194）」を送付し、相互に確認する。
販売費・一般管理費	計上もれがないか、勘定科目が適切か、消費税の処理は適切かなどを確認する。
棚卸資産	実地棚卸（➡ P200）を行い、商品有高帳などの記載内容と違わないか確認する。不良在庫の有無なども確認する。
売上原価	棚卸資産の金額を確定させたあと、売上原価（➡ P200）を算出する。
仮払金・仮受金	内容を確認し、正しい勘定科目に振り替える。残高がゼロになるようにする。
有価証券	時価があるものについては評価替え（➡ P196）を行う。
売上高	請求を締めたあとに発生した売上がないか、確認しておく。
仕入高	関係部門の集計と金額があっているか、締日と決算日の調整が必要か、などを確認する。
前払費用・未払費用	期間損益を確定させ、当期に正しく計上するため、見越し・繰延べ（経過勘定／➡ P198）を行う。
受取利息・配当金	源泉所得税が控除されているか、相手の勘定科目が適切かどうか、などを確認。この作業は、法人税の申告に関係してくる。受取利息については契約書などを参考に、当期の期間に対応する部分を正しく計算し、繰延べ・見越し（➡ P198）を行う。
引当金	貸倒引当金、賞与引当金、退職給付引当金などの引当金（➡ P202）を計上する。
固定資産	有形固定資産は現物を確認する。減価償却費を計算し（➡ P130、196）、帳簿価額を確定させる。
その他の財産	手形、各種証書、未使用の収入印紙などを確認する。
雑収入・雑損失	ほかの勘定科目に分類すべきものがないか、再度、確認する。また、延滞税や還付金など、その内訳を把握しておく。
財務諸表にないもの	現時点では発生していないが、今後、会社の財産や損益に大きく影響しそうなものがないかを確認する。

現預金や売掛金・買掛金の残高を確認する

毎年

売掛金残高は取引先とお互いに確認

　決算整理のうち現金は、金庫の残高と帳簿上の残高のずれを確認する作業を行います。日々の現金処理で過不足が発生したら「現金過不足」で仕訳を行いますが、**決算日になっても原因がわからなかった場合は、「雑損失」や「雑収入」に振り替える**仕訳をします。売掛金は、期末帳簿残高を確定させたあと、**取引先から「残高確認」を送ってもらい、売掛金残高と一致しているか確認**します。買掛金の場合はこれと反対のことを行います。

現預金、売掛金・買掛金の残高チェックの流れ

現　金

- 現金（他人振出しの小切手、配当金領収書など簿記上の現金を含む）の実際の額と帳簿上の額とを照合する。
- 残高が合わない場合は、実際の残高に合わせるため「現金過不足」で仕訳を行う。原因がわかったら、正しい勘定科目へ振り替える。
- 決算時まで原因がわからない場合は、「現金過不足」を「雑損失」または「雑収入」に振り替える。

預　金

- 預金通帳や残高証明書の期末日の口座残高と、帳簿残高を照合する。
- 残高が不一致の場合は、「銀行勘定調整表（不一致の原因を確認・調整するための表）」を作成する。
- 必要によって帳簿を修正し、適切な仕訳を行う。

売掛金・買掛金

- 売掛金・買掛金の期末帳簿残高を確定させる。
- 売掛金は、得意先に「残高確認書」を送って「残高確認」の回答を得る。買掛金は、送られてきた「残高確認書」の回答のコピーをとっておけば、「残高確認書」を送る手間が省ける。

よくあるズレの原因
締切日や計上基準（→P100、106）の違い、どちらかの処理ミスなど

現金過不足時の処理方法

現金不足計上時：小口現金の残額が小口現金出納帳の残高より1,000円不足していた。

現金＝資産が減ったので貸方に入れ、相手科目（借方）は現金過不足で処理する。
※現金過不足は、資産、負債、純資産、収益、費用のどれにも入らない。

借 方	貸 方
現金過不足　1,000	現金　1,000

決算時：決算を迎えたが、現金1,000円が不足した理由が不明のままである。

借方に計上されている現金過不足を貸方に入れ、雑損失＝費用が増えたので借方に入れる。

借 方	貸 方
雑損失　1,000	現金過不足　1,000

試算表の借方から修正記入の貸方を引くと0（ゼロ）になるので記入不要

勘定科目	試算表 借方	試算表 貸方	修正記入 借方	修正記入 貸方	損益計算書 借方	損益計算書 貸方	貸借対照表 借方	貸借対照表 貸方
現金	10,000						10,000	
現金過不足	1,000			1,000				
雑損失			1,000		1,000			

現金超過計上時：小口現金の残額が小口現金出納帳の残高より1,000円多かった。

現金＝資産が増えたので借方に入れ、相手科目（貸方）は現金過不足で処理する。
※現金過不足は、資産、負債、純資産、収益、費用のどれにも入らない。

借 方	貸 方
現金　1,000	現金過不足　1,000

決算時：決算を迎えたが、現金1,000円が多い理由は不明のままである。

貸方に計上されている現金過不足を借方に入れ、雑収入＝収益が増えたので貸方に入れる。

借 方	貸 方
現金過不足　1,000	雑収入　1,000

勘定科目	試算表 借方	試算表 貸方	修正記入 借方	修正記入 貸方	損益計算書 借方	損益計算書 貸方	貸借対照表 借方	貸借対照表 貸方
現金	10,000						10,000	
現金過不足		1,000	1,000					
雑収入				1,000		1,000		

有価証券の処理方法と固定資産の減価償却

時価で評価し直して、帳簿に記入

　有価証券とは、株式、国債、地方債、社債など、**財産的価値のある証券や証書**のこと。有価証券にはその価値が変動するものがあり、帳簿価額（➡P144）を期末時点の時価に修正する必要があります。これを「評価替え」とよびます。評価方法は、その有価証券をどのような目的で保有しているかによって異なります。売買目的で保有していて帳簿価額と時価との差が発生した場合は、「有価証券評価損」または「有価証券評価益」で処理します。

　固定資産の減価償却も決算整理作業のひとつです。固定資産の現物が、固定資産台帳と一致しているかどうか、紛失・破損・陳腐化・遊休化していないかなどを管理者に確認。**期末時点で残っている固定資産については減価償却費を計算**し（➡P138）、適正な会計処理を行います。

有価証券の種類と評価方法

有価証券の区分	貸借対照表の記載先	評価方法
売買目的有価証券	流動資産 - 有価証券	**時価評価** 期末時点での時価で評価し、帳簿価額との差額は当期の損益として損益計算書に計上する。
満期保有目的の債券	流動資産 - 有価証券、固定資産 - 投資その他の資産 - 投資有価証券	**償却原価法** 原則として取得価額で評価するが取得価額と額面金額が異なる場合、満期までの期間、その差額を決算期ごとに加減して配分する。
子会社や関連会社の株式	流動資産 - 関係会社株式、固定資産 - 投資その他の資産 - 関係会社株式	**取得価額** 取得時の金額である取得価額で評価する。取得価額には、取得のためにかかった経費なども含むことに注意。
その他の有価証券	流動資産 - 有価証券、固定資産 - 投資その他の資産 - 投資有価証券	**時価評価** 期末時点での時価で評価し帳簿価額との差額を、損益ではなくその他有価証券評価差額金として純資産に計上する。

売買目的有価証券の時価による評価替え

時価が下がったとき：決算時に、帳簿価額 10,000円の有価証券の時価が 9,000円だった。

売買目的有価証券＝資産が減ったので貸方に、有価証券評価損＝費用が増えたので借方に入れる。

借　方	貸　方
有価証券評価損　1,000	売買目的有価証券 1,000

勘定科目	試算表 借方	試算表 貸方	修正記入 借方	修正記入 貸方	損益計算書 借方	損益計算書 貸方	貸借対照表 借方	貸借対照表 貸方
売買目的有価証券	10,000			1,000			9,000	
有価証券評価損			1,000		1,000			

時価が上がったとき：決算時に、帳簿価額 10,000円の有価証券の時価が 12,000円だった。

売買目的有価証券＝資産が増えたので借方に、有価証券評価益＝収益が増えたので貸方に入れる。

借　方	貸　方
売買目的有価証券 2,000	有価証券評価益　2,000

勘定科目	試算表 借方	試算表 貸方	修正記入 借方	修正記入 貸方	損益計算書 借方	損益計算書 貸方	貸借対照表 借方	貸借対照表 貸方
売買目的有価証券	10,000		2,000				12,000	
有価証券評価益				2,000		2,000		

固定資産の減価償却の流れと仕訳

現物が帳簿や固定資産台帳と一致しているか、破損していないかなどを確かめる。	→	減価償却費を計算する。	→	減価償却費を毎月予定配賦している場合は、全額をいったん戻し改めて年間確定額を計上する。

減価償却費を 10,000円ずつ毎月予定配賦していたが（決算前月まてで 110,000円）、決算に際して減価償却費を計算したところ150,000円となった。

決算前月までの減価償却費を消し込む（⇒ P150）仕訳をし（❶）、新たに減価償却費を計上し直す（❷）。

借　方	貸　方
❶ 減価償却累計額110,000	減価償却費　　110,000
❷ 減価償却費　150,000	減価償却累計額 150,000

期をまたぐ費用・収益の繰延べと見越しを行う

毎年

当期の費用・収益は当期の分として、経過勘定を行う

　会社では、家賃や保険料など、来期分の費用も含めて前払いすることがあります。当期中の正しい損益を計算するためには、前払いした費用があったとしても、来期に属する部分は当期分から取り除く必要があります。**この処理を「費用の繰延べ」といい、「前払費用」という勘定科目を使います**。一方、**当期に受け取った収益に来期分が含まれる場合は、「収益の繰延べ」という処理を「前受収益」という勘定科目を使って**行います（➡ P226）。

　この反対に、当期に属する費用・収益にもかかわらず、まだ支払いや受け取りが済んでいないものがある場合は、**「費用の見越し（勘定科目は未払費用）」「収益の見越し（勘定科目は未収収益）」**の処理をします。

費用の繰延べと見越しの仕訳

先払い（繰延べ）：来期分も含む12カ月分の家賃120,000円を7月1日に現金で支払った。

当期支払時	借　方	貸　方
地代家賃＝費用が増えたので借方に、現金＝資産が減ったので貸方に入れる。	地代家賃　120,000	現金　120,000

当期決算時	借　方	貸　方
繰延べ処理を行い翌期分を引く。地代家賃＝費用が減ったので貸方に、前払費用＝資産が増えたので借方に入れる。	前払費用　30,000	地代家賃　30,000

勘定科目	試算表		修正記入		損益計算書		貸借対照表	
	借方	貸方	借方	貸方	借方	貸方	借方	貸方
地代家賃	120,000			⊖30,000 ⊖90,000				
前払費用			30,000				30,000	

翌期の期首

再振替仕訳を行う。地代家賃＝費用が増えたので借方に、前払費用＝資産が減ったので貸方に入れる。

借　方		貸　方	
地代家賃	30,000	前払費用	30,000

後払い（見越し）：今期分も含む12カ月分の家賃120,000円を翌期の6月30日に現金で支払うことにした。

当期決算時

見越し処理を行い、今期分の家賃を計上する。地代家賃＝費用が増えたので借方に、未払費用＝負債が増えたので貸方に入れる。

借　方		貸　方	
地代家賃	90,000	未払費用	90,000

翌期の期首

再振替仕訳を行う。地代家賃＝費用が減ったので貸方に、未払費用＝負債が減ったので借方に入れる。

借　方		貸　方	
未払費用	90,000	地代家賃	90,000

翌期の支払い時

地代家賃＝費用が増えたので借方に、現金＝資産が減ったので貸方に入れる。

借　方		貸　方	
地代家賃	120,000	現金	120,000

advice

長期前払費用

損害保険などの保険料は、契約によって、その対象期間が翌期以降にわたる場合があります。そのような場合は通常、支払時に費用処理し、決算時に翌期以降の分を資産計上します。翌期以降の期間が1年を超える場合は、1年以内の部分を「前払費用」、1年を超える部分を「長期前払費用」の勘定科目で計上する決算処理をします。

棚卸資産を評価して売上原価を算定する

毎年

実地棚卸をして、売上原価を求める

　会社にとっての資産は現金や預金、不動産だけではありません。生産や販売のために仕入れた原材料や商品、製造途中の半製品なども資産に含まれます。これらの**原材料や商品のことを「棚卸資産」**とよびます。決算に当たっては、倉庫などに保管されている商品や原材料などの棚卸資産と、**帳簿上で管理しているそれらの数量が一致しているかどうか確認する、「実地棚卸」という作業を行う必要があります。**

　実地棚卸を行う大きな目的は、当期の売上原価（➡P150）を算出することです。売上原価の計算は右ページの図のとおり、期首の商品棚卸高と当期の商品仕入高の合計から、期末の商品棚卸高を差し引くことで求められます。売上原価は、当期中に販売した商品の費用がいくらかかったかを表しています。そのため、このように計算して**売上原価を確定することで、当期の利益を正確に把握できる**というわけです。売上高から売上原価を引いた売上総利益（粗利）とともに、売上原価も損益計算書に記載されます。

売上原価と棚卸資産の関係

当期中の在庫（120個）

- 前期に売れ残った商品20個　期首商品棚卸高
- 当期に仕入れた商品100個　当期商品仕入高

販売した商品110個 ＝ 売上原価

売れ残った商品10個 ＝ 期末商品棚卸高（実地棚卸で把握した在庫の数）

外部から調達し、在庫として残っているものに使う「商品」の勘定科目を使います。
❶期首商品棚卸高＝費用が増えたので借方に、商品＝資産は減ったので貸方に入れる。
❷商品＝資産が増えたので借方に、期末商品棚卸高＝費用が減ったので貸方に入れる。
❸帳簿上と実際の数の不一致分や原価と時価との差額の損失分を計上する。商品＝資産が減ったので貸方に、棚卸減耗費＝費用が増えたのと商品評価損＝費用が増えたので借方に入れる。

↓

棚卸資産の仕訳（決算整理仕訳）をすれば、別途計算しなくても、
会計ソフトでは自動的に売上原価の計算が行われます。

引当金の計上と貸倒発生時の処理

損失に備えてお金をプールしておく

「引当金」とは、**将来の費用または損失の発生に備えて、貸借対照表に計上される勘定**のこと。たとえば、将来に多くの定年退職者が出る予定になっている場合に、退職金の支払いに備えて計上しておく、というケースで使われます。引当金は「評価性引当金」と「負債性引当金」の2種類に区分され、また、会計処理の方法には「差額補充法」と「洗替法」があります。

評価性引当金の代表は「貸倒引当金」です。取引先が倒産して、売掛金が回収できなくなることを「貸し倒れ」とよび、**貸し倒れのおそれがある場合、その額を見積もって、決算時に資産の評価を減額する処理をしておきます。この金額が貸倒引当金**です。**貸倒引当金を計上することを「繰り入れる」といい**、借方は「貸倒引当金繰入」、貸方は「貸倒引当金」の勘定科目を使って計上します。**実際に貸し倒れが発生した場合は、借方は「貸倒損失」で処理します**。

主な引当金の種類

評価性引当金	貸借対照表に計上されている資産の減少に備えて計上しておく。	貸倒引当金
負債性引当金	翌期以降に発生する費用を予測して計上しておく。	役員賞与引当金、退職給付引当金、修繕引当金など

引当金の会計処理方法

差額補充法	期末時点での引当金の残高と、新たに算出した必要な引当額との差額を追加または戻し、計上する。
洗替法	期末時点での引当金の残高をすべて戻し入れたうえで、新たに算出した必要な引当額を計上する。

貸倒引当金の仕訳

初めて計上する：売掛金の期末残高500,000円に対し、1%の貸倒引当金を設定した。

貸倒引当金＝資産の減少を表すので貸方に、貸倒引当金繰入＝費用が増えたので借方に入れる。

借　方		貸　方	
貸倒引当金繰入	5,000	貸倒引当金	5,000

2回目以降：売掛金の期末残高500,000円に対し、5%の貸倒引当金を設定した。貸倒引当金の期末残高は20,000円てある。

差額補充法

貸倒引当金＝資産の減少を表すので貸方に、貸倒引当金繰入＝費用が増えたので借方に入れる。

借　方		貸　方	
貸倒引当金繰入	5,000	貸倒引当金	5,000

洗替法

❶貸倒引当金の残額を戻し入れるので、計上するときの反対仕訳を行う。❷残高と新規追加分を合わせた額を計上するので、貸倒引当金＝資産の減少を表すので貸方に、貸倒引当金繰入＝費用が増えたので借方に入れる。

	借　方		貸　方	
❶	貸倒引当金	20,000	貸倒引当金戻入	20,000
❷	貸倒引当金繰入	25,000	貸倒引当金	25,000

貸し倒れが発生したときの仕訳

貸倒引当金≧貸倒額：貸倒引当金残高が100,000円のとき、30,000円の貸し倒れが発生した。

売掛金＝資産が減ったので貸方に、貸倒引当金を借方に入れる。

借　方		貸　方	
貸倒引当金	30,000	売掛金	30,000

貸倒引当金＜貸倒額：貸倒引当金残高が100,000円のとき、150,000円の貸し倒れが発生した。

売掛金＝資産が減ったので貸方に、貸倒引当金を借方に入れ、貸倒損失＝費用が増えたので借方に入れる。

借　方		貸　方	
貸倒引当金	100,000	売掛金	150,000
貸倒損失	50,000		

未払い分の税金も決算整理を行う

毎年

1年分の消費税を合算して差額を納付

　決算整理の最後には税の計算を行います。給与計算の際には社員に代わって会社が納める所得税と住民税を取り扱いました（➡ P174）が、ここで計算するのは**会社として納める消費税、法人税、法人住民税、事業税など**です。法人税、法人住民税、事業税は、当期中に得た利益をもとに計算して、消費税は、当期中の売上や費用をもとに計算して納付します。

　日々の仕訳では、**売上の際に預かった消費税は「仮受消費税」、仕入や経費の支払いの際に支払った消費税は「仮払消費税」**として計上し、決算においては、**1年分の仮受消費税と仮払消費税をそれぞれ合計した金額の差額が、納付すべき税額のベース**となります。

　法人税の計算は、おおまかには「税引前当期純利益」から申告調整額を加減して、「当期課税所得」を算出し、所定の税率を掛けて税額を算定します。計算が複雑なため、税理士に依頼するケースがほとんどです。

消費税の課税対象となるもの・ならないもの

取引

- **課税**
  - **課税**：仕入れた商品・製品、通勤手当、水道光熱費、報酬、建物・機械装置・備品取得費用など
  - **非課税**：本来課税対象だが例外的に課税対象外となるもの。社会保険料、生命保険料、支払利息、土地取得費用など
  - **免税**：海外で消費されることから、課税対象外となるもの。国際電話、国際郵便、海外での旅費交通費など
- **不課税**：そもそも課税対象にならないもの。輸入関税や給与・賞与、寄附金、税金、罰金など

消費税の処理と整理仕訳

税抜処理

仕訳や帳簿に記入する際に、消費税を独立した勘定科目として処理する。

借　方	貸　方
売掛金　54,000	売上　50,000
	仮受消費税　4,000

納付額と整理仕訳

「仮受消費税」と「仮払消費税」の差額が納付すべき税額のベースになるので、両方の勘定科目の残高をゼロにし、その差額を「未払消費税」に振り替える仕訳などをする。

借　方	貸　方
仮受消費税　80,000	仮払消費税　60,000
	未払消費税　20,000

還付と整理仕訳

「仮払消費税」＞「仮受消費税」の場合、差額が還付される額なので、両方の勘定科目の残高をゼロにし、その差額を「未収消費税」に振り替える仕訳をする。

税込処理

仕訳や帳簿に記入する際に、消費税を合わせた額・勘定科目で処理する。

借　方	貸　方
売掛金　54,000	売上　54,000

納付額と整理仕訳

消費税の計算式に当てはめて納付額を算出し、「租税公課」として仕訳する。

借　方	貸　方
租税公課　5,000	未払消費税　5,000

還付と整理仕訳

消費税の計算式に当てはめて還付額を算出し、「雑収入」として仕訳する。

法人税の処理と整理仕訳

決算時には、「実効税率」を利用して一括で概算する。くわしくは税理士に相談するとよい。

法人税等概算額 ＝ 当期課税所得 ✕ 実効税率

例 当期の法人税等が 100,000 円だが、中間納付で 50,000 円納付してあり、受取利息の源泉所得税も 5,000 円ある場合。

借　方	貸　方
法人税等　100,000	仮払法人税等　55,000 ←
	未払法人税等　45,000

> 中間納付を行い「仮払法人税等」で計上したものや、受取利息の源泉所得税のように法人税から控除される分を相殺する

第9章 年次決算は経理の腕の見せどころ

205

期末精算表と そのほかの決算整理のポイント

毎年

決算整理に間違いがないか精算表で確認

決算整理後に、**「決算整理前の残高試算表」**と**「決算整理で修正した各勘定科目の金額」**を表にまとめておくと、決算書の作成がスムーズになります。この表を「精算表」といいます。まず決算整理前の金額を「試算表」欄に、次に決算整理で仕訳した数字を「修正記入」欄に記入します。最後にそれらをまとめた金額を「損益計算書」「貸借対照表」欄に記入して完成です。**この金額はそのまま財務諸表の作成に使うことができます。**

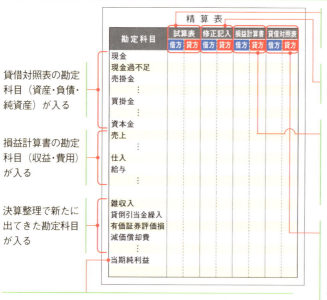

精算表の仕組み

最後に損益計算書欄と貸借対照表欄の借方・貸方を、それぞれ縦に合計して差額の金額を入れる。
黒字の場合損益計算書欄の借方と貸借対照表欄の貸方に同じ金額が入り、当期純利益を表す。また赤字の場合は損益計算書欄の貸方と貸借対照表欄の借方に同じ金額が入り、当期純損失を表す。

206

精算表への記入のルール

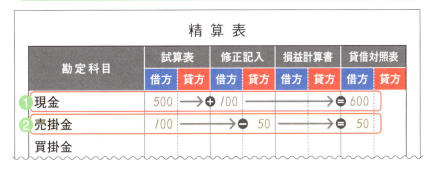

① » 借方 500 円 ➕ 借方 100 円 🟰 借方 600 円

同じなので ➕

② » 借方 100 円 ➖ 貸方 50 円 🟰 借方 50 円

異なるので ➖　　残高は借方なので借方となる

そのほかの決算整理のポイント

借入金
- 借入先に期末の残高確認を行う。
- 他人の債務保証を行っている場合は、保証先に保証対象の借入金の残高を確認する。
- 「短期借入金」（決算日から1年以内に返済期限がくるもの）と「長期借入金」（1年超あとに返済期限がくるもの）とを確認し、分けておく。
- 借入期間が1年超のものを「長期借入金」で計上している場合は、決算日から1年以内に返済期限がくる分を「1年以内返済期限到来長期借入金」の科目に振り替える方法もある。

仮払金・仮受金
- 仮払金や仮受金の残高がある場合は、内容を確認し、あるべき勘定に振り替える。

貯蔵品への振替
- 消耗品費・租税公課・荷造運賃・旅費交通費などの勘定科目で費用として処理したもののうち、未使用のものを、適宜「貯蔵品」に振り替える（➡P69）。

受取利息・配当金、支払利息
- 受取利息や受取配当金は、源泉所得税の控除分が仕訳されているか、相手科目は適切か、などを確認する。
- 支払利息は、当期に該当する分を正しく計算し、「見越し・繰延べ（➡P198）」を行う。

そのほか
- 最終チェック一覧表などを作り、確認もれや作業もれがないか、確認するとよい。

決算書類の作成と決算分析の基礎

知識 | 毎年

会社の財政状態や経営成績を把握する

　決算の総仕上げは「財務諸表」などの決算書類の作成。財務諸表とは、金融商品取引法などの法律で定められた決算書類のことで、貸借対照表や損益計算書などが含まれ、**利害関係者への報告や、社内で中長期的な経営課題を考える際の資料**として使われます。会社法関係で定められた決算書類は「計算書類」とよばれ、同様に貸借対照表や損益計算書などで構成されています。

　貸借対照表（B／S）は、決算日時点での会社の資産・負債・純資産をひとつの表にまとめたもので、会社の財政状態を表します。前期の数字と比較すれば、よりくわしく、会社の状態がどう変化しているかがわかります。

　損益計算書（P／L）は、1年間の収益・費用・純利益をまとめたもので、会社の経営成績を表します。「売上高」を先頭に、売上高から売上原価を引いて求められる「売上総利益」、本業の儲けを表す「営業利益」、営業外の収益・費用を加減した「経常利益」などが記載されています。

　決算整理後に精算表を作っている場合、数字を転記するだけで貸借対照表・損益計算書は完成します。会計ソフトを使っている場合は、精算表を作る必要がなく、簡単な操作で財務諸表を出力することができます。

株主総会と経理の仕事

株主総会は株式会社の最高意思決定機関。なかでも定時株主総会は、会社の1年間の営業活動を報告し、利益分配などについて、議論・決定します。これに向けて、経理は計算書類を作成します。貸借対照表、損益計算書、株主資本等変動計算書、個別注記表の4種類の計算書に加え、事業報告や附属明細書も作成。これらは、取締役会に提出後、監査を経て株主総会に提出され、承認を待ちます。

貸借対照表の例

- Ⓐ 期末精算表の借方に対応。
- Ⓑ 期末精算表の貸方に対応。
- Ⓒ 資産は現金化しやすい順に書くので、流動資産→固定資産→繰延資産となる。さらにそれぞれのなかでも現金化しやすい順に並べる。負債も同様。
- Ⓓ 貸倒引当金は売掛金や受取手形の下に書くことが多い。
- Ⓔ 「繰越商品」ではなく「商品」で記載する。
- Ⓕ 資産＝負債＋純資産となり、金額が一致する。
- Ⓖ 純資産の合計のうち、繰越利益剰余金の期首残高と期末残高との差額が「当期純利益」や「当期純損失」となる。
- Ⓗ 純資産（自己資本）、負債（他人資本）ととらえ、この合計のうち何％が自己資本かを、自己資本比率といい、経営の健全さを表す目安となる。

損益計算書の例

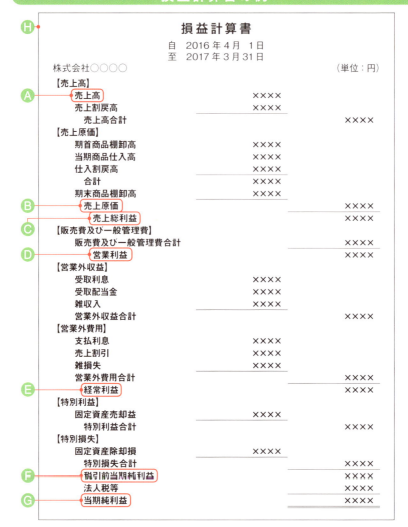

- A 「売上」ではなく「売上高」で記載する。
- B 決算整理後の「仕入」は売上原価を表し、損益計算書では「売上原価」で記載する。
- C 「売上総利益」とはいわゆる粗利のこと。売上高－売上原価＝売上総利益となる。
- D 売上総利益－販売費及び一般管理費＝営業利益（または営業損失）。
- E 営業損益＋営業外収益－営業外費用＝経常利益（または経常損失）。
- F 経常損益＋特別利益－特別損失＝税引前当期純利益（または税引前当期純損失）
- G 税引前当期純損益－法人税等＝当期純利益（または当期純損失）。1年間のすべての収益からすべてのコストを差し引いた、最終的な会社の利益。
- H 項目を縦に並べる形が一般的。

年次決算を分析する視点

分析の角度	内容
収益性分析	企業の収益の水準を分析する。主に損益計算書のデータを使う。たとえば売上総利益÷売上高＝売上総利益率（粗利率）から、会社の製品・サービスの競争力を見る、など。
効率性分析	資産（資本）を、どれだけ効率的に活用して売上高や利益を上げることができているかを分析する。損益計算書と貸借対照表、両方のデータを使う。資産や資本などの回転率や回転期間などを求めてチェックする、など。
安全性分析	企業の資産（資本）の調達構造を分析する。分析には主に貸借対照表のデータを使う。自己資本比率などに着目する。
成長性分析	売上高や利益の水準の変化を分析する。複数年度分の損益計算書のデータを比較して行う。売上高や経常利益がどのくらい伸びているか、などを見る。
生産性分析	資産（資本）以外の要素（労働力など）の投入と、利益との関係を分析する。従業員1人当たりの売上高や人件費などを見る。

そのほかの開示書類

「株主資本等変動計算書」は金融商品取引法に定められた開示書類。貸借対照表の純資産の変動状況を表しています。

株主資本等変動計算書

自 2016年○月○日
至 2017年○月○日

株式会社○○○○ （単位：円）

資本金	前期末残高	××××
	当期末残高	××××
資本剰余金		
資本準備金	前期末残高	××××
	当期末残高	××××
資本剰余金合計	前期末残高	××××
	当期末残高	××××
利益剰余金合計	前期末残高	××××
	当期変動額	××××
	当期末残高	××××
株主資本合計	前期末残高	××××
	当期変動額	××××
	当期末残高	××××
純資産の部合計	前期末残高	××××
	当期変動額	××××
	当期末残高	××××

決算から税務申告への流れとスケジュール

知識 | 適宜 | 毎年

納付の遅れはペナルティーに

　財務諸表の作成のあとに行うのが税金の申告・納付の作業です。税金は会社が活動していくためには切り離せないものであり、**その申告・納付は、経理業務のなかでも大変重要な業務**のひとつです。申告・納税業務の基本的な流れや期限を把握しておきましょう。

　1年間のおおまかな納税スケジュールは以下の図のようになります。基本的には**各税金を決算日の翌日から2カ月以内に申告し、納付**しなくてはいけません。**期限までに申告や納付ができなかった場合には、延滞税や加算税といったペナルティーが課されてしまいます**。なお、法人税・住民税・事業税については、税務署に申請することで納付期限を延長することも可能です。

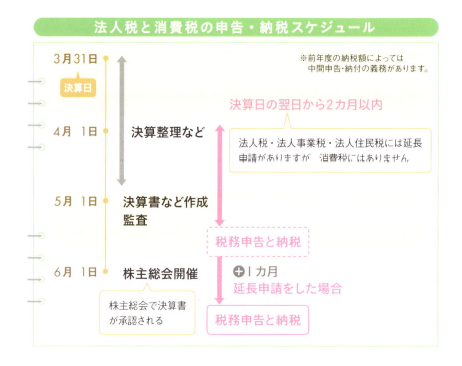

法人税と消費税の申告・納税スケジュール

- 3月31日 決算日
- 4月1日 決算整理など
- 5月1日 決算書など作成 監査
- 6月1日 株主総会開催（株主総会で決算書が承認される）

※前年度の納税額によっては中間申告・納付の義務があります。

決算日の翌日から2カ月以内：税務申告と納税

法人税・法人事業税・法人住民税には延長申請がありますが、消費税にはありません。

＋1カ月 延長申請をした場合：税務申告と納税

第10章
デキる経理になるために！

経理の仕事とひと口にいっても幅が広く、
会社によって担当する業務もさまざま。
初心者のうちは、目の前の仕事を覚えるので精一杯かもしれませんが、
将来に向けて、どんな経理担当者になりたいのか、
何が経理に活かせるスキルなのか、
経理の経験が活かせる職種は何か、考えてみましょう。

知識

デキる経理は会社のニーズを知っている

自ら積極的に動いて提案を

　経理業務とひと口にいっても、その範囲は幅広く、会社の業態や規模によっても異なります（→P12）。財務や労務などの経理と近い業務を個別の部署が担当する場合もあれば、すべてをひとつの部署で担当する場合もあります。いずれの場合でも大切なのは、**社内外の関係各所から求められていることは何なのかを的確に把握して、それを仕事の成果として反映させる**ことです。また、相手に聞かれなくても「売上原価が上がった原因はコレでは？」など、**自ら積極的に提案する**ことが、"デキる経理"になるポイントです。

経理に関係するさまざまな業務

管理会計
現状把握や経営判断のもととなる情報を報告すること。各部署・業務からデータを集め、原価分析や収益性分析、予算管理のための資料を作成する。

財務
資金調達にともなうお金の貸し借りの交渉や投資による資金の運用を行い、直接お金を扱う。会計や経理はあくまでお金に関するデータのみを扱い、それが財務と異なる点である。

労務
給与計算や年末調整、社会保険に関する計算や申告、管理業務を行う。会社によっては、経理担当者が勤怠管理などを行う場合もある。

税務
法人税・所得税・消費税・住民税などの申告などを行う。計算自体は外部の税理士や会計事務所などに委託することが多いので、税理士などにきちんと依頼できることがまずは大切。

ちなみに…
経理と**会計**の**違い**
経理と会計は、ほとんど同じ意味で使われている。ただし、経理は実務そのものを指し、会計はもっと幅広く概念や技術・制度まで含めた意味で使われることが多い。

※ここでは、経理担当者がそれぞれの担当を兼ねる場合を想定。

経理に期待されるもの

[経験年数による違い]

経理
1〜2年目

社会人としてのマナーや常識を身に付けるとともに、割り当てられた仕事をきちんと理解し、適切にこなせるようになる。

経理
3〜5年目

経理部門全体の仕事、会社の業務の流れを把握しながら仕事がこなせるようになる。月次決算ができ、年次決算の補助ができる。

知識ゼロ・未経験で入社した場合、日商簿記2〜3級の合格を目指したい。3〜5年経ち、月次決算業務までこなせるようになると、転職時にも経験が評価されやすい。

[業種による違い]

製造業

原価計算や売掛金管理などの、管理会計の重要性が高い。金融機関との交渉など、財務面の知識もポイント。

飲食業

アルバイト・パートを雇っていることが多く労務の仕事も複雑になりがち。支店が増えるとより煩雑になる。

業種によって、経理の仕事のなかでもどのジャンルの仕事が多いのか変わってくる。仕事の偏りに合わせて経理ソフトや会計事務所を選ぶなどしたい。

税理士と公認会計士の違い

税理士

各種税金の申告、税務書類の作成、申し立てなど、税金に関する事柄を行う。これらの業務から派生して、税金の計算に必要な帳簿の作成などの会計業務も行う。

公認
会計士

代表的な仕事が、会計監査。決算書作成や経営アドバイスを行うことも。大企業を顧客とすることが多く、作業量が膨大なため監査法人を設立することが多い。

知識

まずは3年、そのあとどうなりたいか考える

経理業務からいろいろなステップがある

　経理職のキャリアプランについて考えてみましょう。そもそも経理職への就職は狭き門で、簿記などの資格を取っても希望どおりに就職できない人はたくさんいます。その理由として、経理部門は人数が少なく、また業務をアウトソーシングできるので、求人数が少ないということが挙げられます。

　幸いにも就職できた人は、恵まれた環境に感謝し、ひとまず**3年をめどにその会社の経理業務をしっかりと身に付けることを心がけましょう**。ここで身に付けたことが、その後どんな道に進むにしても自分の基礎となります。

　基礎を身に付けたら今度は、**自分の現状や今後の目標、会社の考え方などを踏まえた**うえで、将来のプランを考えてみるようにしましょう。経理職からのステップにはいろいろなケースがあります。自分の方向性に合った業務が社内にあるのなら、異動を申し出るという手もあります。もし社内で自分のやりたい業務ができないなら転職を考えてみてもいいでしょう。

3年目で立ち位置をチェックする

Check point!

- ☑ 自分がやっている仕事がその会社の経理業務のどのあたりを占めているのか
- ☑ 自分がやっている仕事が経理業務全体のどのあたりに位置しているのか
- ☑ 今後も経理として働いていきたいのか、経理の知識を活かして別の仕事をしたいのか
- ☑ 会社はなぜその仕事を自分に任せているのか。どんな成長を期待しているのか
- ☑ 部署の異動や仕事内容が変わる可能性はあるか

→ 転職
→ そのまま在籍
→ 経理以外の仕事へ

目標別スキルアップのためのアドバイス

第10章 デキる経理になるために！

会計事務所に勤めたい

経理職から会計事務所への転職は、年齢が若いほど有利。経理を極めてからというよりも、ひととおりわかった段階で早めに転職を。日商簿記1級や税理士などの資格を目指した勉強も大切。

経理のプロになって一生経理をやりたい

しっかりとした経理部門または経理担当者がいる企業に在籍し、きちんと基礎を身に付ける。その後、月次決算までこなせる能力や、自分の得意分野を身に付けると心強い。また株式公開業務を経験できると、のちのち評価の対象となる。

経理部長になりたい

会社の業績や業務内容への知識を深めたり、コミュニケーションの能力を磨くことも大切。経営者の要求を汲み、応える努力が必要。経理のやり方は会社によって大きく変わるので、転職を繰り返すよりは、「ココ！」と決めたところで頑張るほうがよい場合もある。

とりあえず手に職をつけたい

経理の仕事を幅広く経験できる、中小企業で経験を積むのがベター。ただし、現在のスキルが経理全体のどのくらいなのかは、把握しておく必要がある。日商簿記2級は取得しておきたい。

CFOになりたい

経理のスペシャリストだからといって、CFO（最高財務責任者）になれるわけではない。経理以外にも、経営や財務など、幅広い見識や能力が必要。経理はひとつのツールと心得て、そのほかの能力を磨く努力をしよう。

いつか独立・起業したい

独立・起業するための準備として経理を経験するなら、まずはその分野に強い企業やベンチャー企業で経理として働くのもひとつの方法。ただし、法人と個人事業主では、経理処理に違いがあることなども忘れずに。

知識

経理に活かせる資格や経験を知っておく

経理職以外の経験も役立てることができる

　資格がないと経理の仕事ができないわけではありませんが、レベルアップのためには資格を取得することもひとつの手段です。経理の仕事に活かせる仕事としてまず挙げられるのは簿記検定。**本格的に経理の仕事に携わるなら、できれば日商簿記2級はほしいところ**です。経理関係の資格はほかにもあり、自分の状況や目指しているキャリアに沿って資格取得を検討してみましょう。

　パソコンスキルも重要です。特に **Excel は経理職なら必ず使います**。一般的な操作だけでなく、関数の演算式を扱えると実務で重宝します。

　経理以外の職業で得たスキルも、経理の仕事に役立てることができます。営業事務や金融事務は経理と近い業務ですし、SE などの IT スキル、営業職のコミュニケーションスキルも、経理業務に活かせます。

　基本的な経理スキルだけでなく、プラスアルファのスキルを身に付けることが、一歩抜きん出た経理担当者になるポイントです。

VOICE

資格試験の勉強を通じて、どうして経理の仕事がしたいのか、何が得意なのかを見直すことができたのも、転職時に有利に働いたと思います。
（経理4年目　女性）

簿記2級はもっていたものの、実務経験ゼロでの転職活動。かなり苦戦はしましたが、同業種での勤務経験が評価されて、経理職になることができました。
（経理2年目　男性）

資格を取って終わりではなく、知識のアップデートが大切だと痛感しています。特に法律や制度はどんどん変わるので、情報収集はかかせません。
（経理7年目　女性）

簿記に役立つ技能

[Excel]

経理職の必須スキル。基本操作ができることは、経理として働く前提となっており、むしろ、どの程度使いこなせるかがポイントになってくる。

Excelの機能と経理実務
- 基本関数（かけ算・わり算・合計など）
  →さまざまな表計算で活用できる
- IF関数（条件によって処理結果を変えられる）→「商品売上台帳」の作成など
- ROUND系関数（四捨五入や切り捨て・切り上げしての表示）
  →割引価格の計算や消費税の計算
- ピボットテーブル（データベースから集計表を簡単に作成できる）
  →データ集計や分析に活用できる

[英語]

外資系企業でなくても、一定の英語力は求められる傾向がある。

[Access、PowerPointなど]

データ管理ソフトやPowerPointなどのアプリケーションソフトを業務で使う企業も多い。

簿記の資格

```
            スペシャリスト
                ↑
     U.S.CPA   │  公認会計士
               │  税理士
外資系企業 ──────┼────── 日本企業
               │
     BATIC     │  FASS検定
     TOEIC     │  簿記検定
                ↓
              一般
```

簿記検定
日本商工会議所主催の「日商簿記検定試験」と全国経理教育協会主催の「簿記能力検定」は、会計系では最も一般的な資格。
日商簿記3級：経理職にとって必要最低限度の知識。
日商簿記2級：このレベルの仕訳ができると日常の仕訳には困らない。
日商簿記1級：公認会計士、税理士などへの登竜門。スペシャリストを目指す人に。

経理・財務スキル検定（FASS検定）
日本CFO協会が主催する経理・財務の実務能力を測る検定試験。

国際会計検定（BATIC）
東京商工会議所主催の英文簿記・国際会計理論の検定試験。U.S.CPA試験へのステップに。

U.S.CPA
米国公認会計士試験。外資系企業やグローバル企業の経理を目指す人に。

経理の疑問 Q&A

Q1 経理に向いているタイプ、向いていないタイプってありますか?

A 経理の仕事に向いているのは、まず几帳面な人。数字を扱う経理の仕事では、小さなミスがあとになって大きなトラブルに発展する可能性もあります。最初からミスをゼロにすることはできませんが、慎重に確認することでミスを減らすことはできます。細かいことに気がつく注意力のある人が経理には適しています。

また、経理の仕事は大量の書類やデータを扱います。それらを整理してきちんと保管し、必要なときにすぐに取り出せるようにしておく几帳面さも求められます。

そのほかに、業務上の秘密を守れること、人と会話するのが好きなことも、経理にとって大切な素質です。これらに当てはまらない人は、難しいかもしれません。

Q2 どのくらい経ったら、仕事に慣れますか?

A 経理の仕事は1カ月、四半期、半期、1年という一定のサイクルで繰り返されています。つまり仕事を始めて1カ月で、月次の業務が一巡します。3カ月もすれば月次の業務にはだいぶ慣れるはずです。そして1年後にはひととおりの業務を経験したことになります。

そこからは、一度覚えた業務をミスなく迅速にこなせるよう、自分なりに工夫をしていきましょう。

Q3 書類が多くて、管理に困っています。

A 経理の仕事では、請求書や領収書のように保存の義務がある書類を多く扱います。あとから参照しやすいようにルールを決めて保管・管理しておく必要があります。

コツは、「現金」「預金」「未払金」「支払済み」など、内容別にファイルを作って書類を保管すること。そしてファイル内ではインデックスラベルを使ってカテゴリ分けして、日付順にファイリングしておけばわかりやすいでしょう。

Q4 | 請求書や書類の催促が苦手で…。

A 伝えるべきことは明確に伝える必要がありますが、言い方や表現を工夫すれば、角を立てずに、自分自身も嫌な思いをせずにスムーズに督促を行えます。

たとえば取引先からの支払いが遅れているとき。営業担当者には「A社からの入金が遅れているので、先方にご確認いただけますか？」、取引先には「9月のご入金がまだのようですが、ご確認いただけますでしょうか？」などと丁重に問い合わせをします。遅れを指摘するのではなく、あくまで「確認する」のがポイントです。

Q6 | ルーチンワークが多そう。飽きたりしませんか？

A 同じことを同じように繰り返しているだけでは飽きてしまうかもしれません。しかし、すでにやり方が決まっているルーチンワークでも、改善の余地はあるはず。不要な作業工程はないか、もっと早くできないか、作業の手順を変えたらどうなるかなど、効率アップのための工夫をしてみてはいかがでしょうか。

Q5 | 残業が多いというのは、本当ですか？

A 決算の時期はどの会社でも残業が増えがちですが、スケジュールを前倒しにするなど仕事の進め方を工夫することで、残業時間をコントロールできます。

また、会社によっては、週数日勤務や時短勤務、月末・月初限定の勤務など、ユニークな求人を出している企業もあります。自分の生活スタイルに合わせて働き方を選べるのも経理の仕事の魅力です。

Q7 | ミスをしないかと心配です。

A 人間である以上、ミスをゼロにはできません。したがって、「ミスは起こる」ということを前提に、ミスをしたまま次の工程に進まないような仕組みを作ることが大切です。

たとえば数字を入力したあとは、「画面上でチェック」「プリントアウトしてチェック」「先輩や上司の目でチェック」とトリプルチェックすることで、ほとんどのミスは防げます。もしミスをして相手に迷惑をかけたときは、心を込めてお詫びするとともに、改善策を練ることが大切です。

Q8 パソコンのソフトも資産と聞いたのですが…。

A 固定資産は建物や自動車のように形あるものだけではありません。パソコンのソフトウェアも「無形減価償却資産」という固定資産に該当します。

　ソフトウェアを導入することで、何年にもわたって活用することになるので、支払った年だけの経費として処理してしまうことには問題があります。そこでほかの固定資産と同様に、購入した年にいったん資産として計上し、主に5年間で均等償却する仕訳処理をします。

Q10 3月決算の会社が多いのはなぜですか?

A 国や地方公共団体などの公的機関、教育機関の年度の区切りに合わせたほうがわかりやすいというのが、その大きな理由です。

　また、税法の改正も、4月1日から施行されることが大半です。もし会計年度の途中で改正があった場合には税務処理を変更しなければならず、それが面倒なので3月決算にしている企業も多いようです。

Q9 給与計算ソフトを使う際の注意点は?

A 初めて給与計算ソフトを使用するときは、初期設定として給与規程の内容と社員情報をインプットしますが、もれやミスのないよう入力する必要があります。また、コンピュータが処理したものだからと計算結果を鵜呑みにせず、自分でも念入りにチェックすること。最初の登録内容に誤りがある可能性があるからです。

Q11 外国人従業員の社会保険は?

A 外国人を採用する会社は年々増加しています。外国人でも、日本国内の事業所で働く限り、社会保険や労災保険などへの加入が日本人と同様に必要です。

　また前提として、日本での就労が認められている者でなければ雇用できません。外国人を採用する場合は、仕事の内容が在留資格の範囲内か、在留期間がすぎていないかなどを確認する必要があります。くわしくは社会保険労務士や都道府県労働局・ハローワークへお問い合わせください。

Q12 税務調査って厳しいのでしょうか…。

A 会社が行った税務申告の内容が正しいかどうかを、税務署が調査しに来ることを税務調査といいます。税務調査の際には1〜3週間前に税務署から連絡があり、実際の調査はおおよそ1〜3日間にわたって行われます。

売上計上時期の間違いや交際費などを指摘されることが多いようです。赤字より黒字の会社、売上や利益が急増した会社、多額の非経常的な経費を計上した会社などが、税務調査に入られやすいでしょう。脱税をしていなければ税務調査を怖がる必要はありません。

Q13 会計監査への備えは何が必要ですか?

A 会計監査とは、「その会社の財務諸表の数字が正しいか」を第三者である公認会計士が確かめる作業のこと。虚偽の記載がないかを、いろいろな書類に目を通したり、社員から話を聞いたり、取引先に問い合わせたりして徹底的にチェックします。

一般的に監査では、売掛金、買掛金、在庫などを重点的にチェックされるので、それらの業務を担当している場合は、「どんな理由でこの数字になったか」説明できるように、書類などを準備しておくことが大切です。

Q14 経理が知っておいたほうがいい法律などの公的な決まりって何ですか?

A 特に知っておきたいのは、「会社法」「企業会計原則」「法人税法」「財務諸表等規則」の4つです。会社法では、会社経営の基本的な規定や、財務諸表の保存期間などが定められています。企業会計原則は、企業が会計処理を行ううえで従うべき原則です。経理の基本ルールといってよいでしょう。法人税法は、企業にかけられるさまざまな税金のなかでも最も重要な法人税について定めています。財務諸表等規則は、貸借対照表、損益計算書などに関する法令で、金融商品取引法の193条で規定されています。

このほかに、監査基準、労働基準法、外為法、独占禁止法などが経理業務に関係してきます。必要に応じて確認するようにしましょう。

こんなときどうする？の仕訳例

クレジットカードに関する仕訳

購入時：会社の備品（消耗品）を20,000円分購入しクレジットカード払いとした。

消耗品費＝費用が増えたので借方に、未払金＝負債が増えたので貸方に入れる。

借　方		貸　方	
消耗品費	20,000	未払金	20,000

代金引き落とし時：クレジットカードの利用代金20,000円が普通預金口座から引き落とされた。

未払金＝負債が減ったので借方に、普通預金＝資産が減ったので貸方に入れる。

借　方		貸　方	
未払金	20,000	普通預金	20,000

販売時：商品100,000円分を販売したが、代金はクレジットカード払いだった。

売上＝収益が増えたので貸方に、売掛金＝資産が増えたので借方に入れる。

借　方		貸　方	
売掛金	100,000	売上	100,000

代金振り込み時：クレジットカード利用分の販売代金100,000円が普通預金口座に振り込まれた。

売掛金＝資産が減ったので貸方に、普通預金＝資産が増えたので借方に入れる。

借　方		貸　方	
普通預金	100,000	売掛金	100,000

手形に関する仕訳

為替手形60,000円が決済され、当座預金口座に入金された。

受取手形＝資産が減ったので貸方に、当座預金＝資産が増えたので借方に入れる。

借　方		貸　方	
当座預金	60,000	受取手形	60,000

振り出した約束手形200,000円が、決済期日に決済された。

支払手形＝負債が減ったので借方に、当座預金＝資産が減ったので貸方に入れる。

借　方		貸　方	
支払手形	200,000	当座預金	200,000

買掛金300,000円を約束手形で支払った。

買掛金＝負債が減ったので借方に、支払手形＝負債が増えたので貸方に入れる。

借　方	貸　方
買掛金　　300,000	支払手形　300,000

短期借入金に関する仕訳

借入時：銀行から150万円を借り入れ（借入期間半年）、当座預金口座に入金された。

短期借入金＝負債が増えたので貸方に、当座預金＝資産が増えたので借方に入れる。

借　方	貸　方
当座預金　1,500,000	短期借入金　1,500,000

返済時：銀行からの借入金150万円の返済日を迎え、利息20,000円と合わせて普通預金口座から支払った。

短期借入金＝負債が減ったのと支払利息＝費用が増えたので借方に、普通預金＝資産が減ったので貸方に入れる。

借　方	貸　方
短期借入金　1,500,000 支払利息　　　20,000	普通預金　1,520,000

短期貸付金に関する仕訳

貸付時：得意先に200万円を普通預金から貸し付け（貸付期間半年）、利息50,000円は前払いとしてその金額を差し引いて振り込んだ。

短期貸付金＝資産が増えたので借方に、普通預金＝資産が減ったのと受取利息＝収益が増えたので貸方に入れる。

借　方	貸　方
短期貸付金　2,000,000	普通預金　1,950,000 受取利息　　　50,000

返済時：得意先から貸付金200万円が小切手で返済された。

短期貸付金＝資産が減ったので貸方に、現金＝資産が増えたので借方に入れる。

借　方	貸　方
現金　　2,000,000	短期貸付金　2,000,000

> 長期借入金・貸付金の仕訳は、借りた・貸したときは、それぞれ短期借入金・貸付金とほぼ同じ。違いは「短期借入金」「短期貸付金」の代わりに「長期借入金」「長期貸付金」の勘定科目を使うだけです。ただし、決算時に翌期回収予定額の振替処理の必要です

株式に関する仕訳

購入時：株式を1株1,000円で100株買い、手数料500円とともに現金で支払った。

売買目的有価証券＝資産が増えたので借方に、現金＝資産が減ったので貸方に入れる。

借　方		貸　方	
売買目的有価証券	100,500	現金	100,500

配当時：配当金領収証 10,000円を受け取った。

受取配当金＝収益が増えたので貸方に、現金＝資産が増えたので借方に入れる。

借　方		貸　方	
現金	10,000	受取配当金	10,000

売却時：株式100株（帳簿価額100,500円）を105,000円で売却し、代金は現金で受け取った。

売買目的有価証券＝資産が減ったのと有価証券売却益＝収益が増えたので貸方に、現金＝資産が増えたので借方に入れる。

借　方		貸　方	
現金	105,000	売買目的有価証券	100,500
		有価証券売却益	4,500

社債に関する仕訳

購入時：社債100,000円分を、額面1,000円につき800円で買い（計80,000円）、手数料500円とともに現金で支払った。

売買目的有価証券＝資産が増えたので借方に、現金＝資産が減ったので貸方に入れる。

借　方		貸　方	
売買目的有価証券	80,500	現金	80,500

満期時：社債の利札1,000円分が満期日を迎えた。

有価証券利息＝収益が増えたので貸方に、現金＝資産が増えたので借方に入れる。

※支払期日になった公社債の利札は「現金」に仕訳します。

借　方		貸　方	
現金	1,000	有価証券利息	1,000

収益の繰延べに関する仕訳

当期決算時：受取済みの家賃600,000円のうち、200,000円を来期へ繰り延べる。

受取家賃＝収益が減るので借方に、前受収益（または前受家賃）＝負債が増えるので貸方に入れる。

借　方		貸　方	
受取家賃	200,000	前受収益	200,000

翌期の期首：繰延べした家賃200,000円の再振替仕訳を行う。

受取収益＝収益が増えたので貸方に、前受家賃＝負債が減ったので借方に入れる。

借　方	貸　方
前受収益　200,000	受取家賃　200,000

収益の見越しに関する仕訳

当期決算時：貸付金の利息120,000円のうち、当期分の受取利息70,000円を見越し計上する。

未収収益（または未収利息）＝資産が増えたので借方に、受取利息＝収益が増えたので貸方に入れる。

借　方	貸　方
未収利益　70,000	受取利息　70,000

翌期の期首：見越した70,000円の再振替仕訳を行う。

未収利益＝資産が減ったので貸方に、受取利息＝収益が減ったので借方に入れる。

借　方	貸　方
受取利息　70,000	未収利益　70,000

そのほかの仕訳例

会社で仕入れた商品5,000円分を取引先への贈答品にした。

交際費＝費用が増えたので借方に、仕入＝費用が減ったので貸方に入れる。

借　方	貸　方
交際費　　5,000	仕入　　　5,000

商品券を10,000円分発行し、代金は現金で受け取った。

現金＝資産が増えたので借方に、商品券＝負債が増えたので貸方に入れる。

借　方	貸　方
現金　　10,000	商品券　　10,000

商品10,000円分販売し、代金を他店発行の商品券で受け取った。

売上＝収益が増えたので貸方に、他店商品券＝資産が増えたので借方に入れる。

借　方	貸　方
他店商品券 10,000	売上　　　10,000

覚えておきたい！ 経理用語集

い 委託販売
商品の販売を他社に委託して、委託先が販売した分だけ代金を回収する販売方法。

う 内金
契約時に代金の一部を先に支払うこと。内金を支払った分だけ、後日商品・サービスを受け取る権利が発生する。

売上
商品・サービスを提供し、その見返りとして代金を受け取ること、受け取った代金。勘定科目としても使う。

売上原価
商品の販売、サービスの提供などによって収益を上げるため直接的にかかった費用。業種によって、含まれる勘定科目が異なる。

売上総利益
売上高から売上原価を引いた額。通称、粗利。

売上高
「売上」とほぼ同じ。「売上」は日々の仕訳で使用する科目でその総額を損益計算書に表示する際に「売上高」を使う。

売上割引
取引先が予定より早く支払ってくれた場合に、割引してあげること。割引分を「売上割引」として仕訳する。

売掛金
商品を掛けで販売したときのまだ回収していない代金。勘定科目としても使う。

売掛金の消し込み
売上計上の際に借方に記入した売掛金を、貸方にもっていく仕訳。

売掛金元帳
売掛金を取引先別にまとめて記入した帳簿。取引先ごとの売掛金の残高がわかる。得意先元帳ともいう。

え 営業外収益
会社の本業以外の活動で得た収益のうち、経常的に発生するもの。受取利息、為替差益など。

営業外費用
会社の本業以外の活動で発生した費用のうち、経常的に発生するもの。支払利息、為替差損など。

か 買掛金
後払いで仕入れた際の代金のこと。商品を仕入れたときに発生し、代金を支払うことによって消滅する。勘定科目としても使う。

買掛金の消し込み
仕入計上の際に貸方に記入した買掛金を、借方にもっていく仕訳。

買掛金元帳
買掛金を取引先別にまとめて記入した帳簿。取引先ごとの買掛金残高がわかる。仕入先元帳ともいう。

会計監査
企業や団体などの決算を第三者がチェックすること。公認会計士や監査法人が行う監査と、監査役が会社内部で行う監査とがある。

会計期間
1年の初めの日（期首）から最終日（期末、または決算日）までのこと。4月1日から3月31日までの1年間としている会社が多い。

介護保険
介護が必要になったときに備える、公的な保険。40歳になった月から保険料を納め始める。

掛け
掛け売り、掛け買いのこと。代金の精算をあとで行う取引。

貸方 かしかた	複式簿記で仕訳をしたときの右側の項目。
貸し倒れ かしだおれ	取引先が倒産して、売掛金や貸付金が回収できなくなること。
割賦販売 かっぷはんばい	代金を分割払いで受け取る販売方法。
株主総会 かぶぬしそうかい	株式会社の意思決定機関。株主によって構成され、会社の基本方針を決めたり、取締役の選任や計算書類の承認などを行う。
借方 かりかた	複式簿記で仕訳をしたときの左側の項目。
為替手形 かわせてがた	振出人が自分以外のものを支払人として指定し、額面金額を受取人に支払うよう依頼する手形。
勘定科目 かんじょうかもく	簿記で扱う取引の種類を分類するため、あらかじめ決めておいた項目。
き **企業会計原則** きぎょうかいけいげんそく	企業が会計処理を行う場合の基本的なルール。取り決めであって法律ではない。一般原則、損益計算書原則、貸借対照表原則からなる。
キャッシュフロー	一定期間に出入りするお金（現金や現金と同等のもの）の流れのこと。
キャッシュフロー計算書 けいさんしょ	財務諸表のひとつ。何を行っていくらお金（現金や現金と同等のもの）が増えたか・減ったかがわかる。
金種表 きんしゅひょう	紙幣や硬貨の種類ごとの数を確認・記録するための書類。
く **繰越商品** くりこししょうひん	期末に売れ残り、来期へもち越す商品。
け **計算書類** けいさんしょるい	会社法によって、作成が義務づけられている書類。 貸借対照表、損益計算書、株主資本等変動計算書など。
計上 けいじょう	一つひとつの取引などを、全体の計算のなかに組み込むこと。 帳簿に入れて決算書に反映させること。
計上基準 けいじょうきじゅん	どの時点で帳簿に取引を記入するか、の決まり。
経費 けいひ	損益計算書で「販売費及び一般管理費」に記載される費用を指す場合と、製造原価のうち材料費・労務費以外の原価を指す場合とがある。
経理 けいり	会社の活動を数字で表すこと。
決算書 けっさんしょ	いわば会社の通信簿。貸借対照表（B／S）や損益計算書（P／L）、キャッシュフロー計算書などからなる財務諸表のこと。
決算整理 けっさんせいり	期末時点での各勘定科目の残高を確定させること。現金実査や実地棚卸、減価償却費の計算などを行って確定させる。
月次決算 げつじけっさん	1カ月分の取引データを集計して、貸借対照表や損益計算書などの決算書を作成すること。

月次配賦	毎月継続して発生しているのに、正確な額は特定の時期にしかわからない経費を、月割りで仕訳処理して月次決算に反映させること。
原価管理	製品・商品1個当たりにかかった費用=原価について、目標とする原価や実際にかかった原価を比較・分析しながら管理すること。
減価償却	固定資産の価値の目減り分を見積もり、耐用年数に応じて毎年少しずつ費用として計上すること。
現金出納帳	日々の現金の動きを継続して記録する帳簿。日付順に記入。
源泉所得税	会社が給与から天引きして税務署に納める所得税。
源泉徴収	従業員に給与を支払う場合や社外の個人に仕事を依頼して報酬・料金を支払うときに、あらかじめ所得税などを差し引いておくこと。
こ 控除	もとの金額から一定金額を差し引くこと。源泉所得税の控除など。
厚生年金保険	主に民間企業で働いている人が加入する、公的年金制度。保険料の半額が会社負担。支給時は、国民年金に厚生年金分が加算される。
公認会計士	会計と監査の専門家。財務諸表が正しく作成されているか監査を行う。
小切手	銀行に支払業務を委託する有価証券。受け取った小切手は、振出日の翌日から10日以内に持ち込めば、額面の金額が受け取れる。
小口現金	日常のこまごまとした支払いに使うために用意しておく、少額の現金。勘定科目としても使う。
固定資産	1年以上の長期にわたって所有または使用する資産。大きく「有形固定資産」「無形固定資産」「投資その他の資産」に分けられる。
固定資産税	1月1日時点の固定資産の所有者に対して課せられる税金。
固定負債	1年超先に支払うべき負債。長期借入金、社債、長期未払金など。
雇用保険	働き続けられなくなった場合や労働者の能力向上のために支払われる保険。いわゆる失業保険は、雇用保険の失業給付のことを指す。
さ 財務諸表	金融商品取引法などの法律で定められた決算書類のこと。貸借対照表や損益計算書などが含まれる。
残高証明書	銀行などが顧客に発行する、預金やローンの残高が記載された書類。
算定基礎届	標準報酬月額を決め直すために提出する書類。7月1日現在で雇用しているすべての被保険者に4～6月に支払った賃金を記載して提出。
三伝票制	仕訳帳への記入の代わりに、入金伝票、出金伝票、振替伝票の3種類の伝票を用いる経理のやり方。
し 仕入割引	予定された決済日よりも早く決済することを条件に受ける割引。割引してもらった分を「仕入割引」として仕訳する。

資産 しさん	企業活動に必要なものや権利、会社の財産。主に流動資産と固定資産とに分けられる。
実地棚卸 じっちたなおろし	帳簿上で管理している商品や原材料などの棚卸資産と、倉庫などに保管されているそれらの数量が一致しているか確認する作業。
支払調書 しはらいちょうしょ	その前年1年間に支払った報酬額と源泉徴収額を記載したもの。毎年1月末までに、報酬の支払先と税務署に提出する。
資本金 しほんきん	会社の設立時や増資時に集めた出資金など。
資本剰余金 しほんじょうよきん	資本金に含めていない出資金など。
社会保険 しゃかいほけん	狭義の社会保険は、健康保険、介護保険、厚生年金保険の3つ。広義で使う場合は、狭義の社会保険に労働保険を加えたもの。
収益 しゅうえき	日々の企業活動によって得た収入。売上高、営業外収益、特別利益に分けられる。
収益の繰延べ しゅうえきのくりの	すでに受け取った代金のなかに来期分が含まれている場合、その部分を取り除くこと。「前受収益」の勘定科目を使う。
収益の見越し しゅうえきのみこ	当期に属する収益だが、まだ代金を受け取っていないものについて、その分を計上すること。「未収収益」の勘定科目を使う。
収入印紙 しゅうにゅういんし	国が税金を回収するための手段のひとつ。印紙税法で定められた課税文書には、貼ることが義務づけられている。
出金伝票 しゅっきんでんぴょう	三伝票制で使う伝票。貸方の勘定科目が現金になる出金取引のときに使う。
取得価額 しゅとくかがく	固定資産本体の代金に、購入時にかかった運賃や手数料、事業で使うために必要になった費用を合わせた価格。
純資産 じゅんしさん	資産の合計から負債の合計を引いたもの。社内にストックしておくお金で、事業の元手になる。
仕訳 しわけ	1回の取引を2つに分解し、借方（左側）・貸方（右側）に分けて記録すること。その振り分け方のルール。
仕訳帳 しわけちょう	すべての取引を発生するごとに仕訳し、記録した帳簿。作成が義務づけられた主要簿のひとつだが、振替伝票などで代用可能。
せ 税務申告書 ぜいむしんこくしょ	決算時に作成する、法人税申告書、消費税申告書、住民税・事業税申告書の3つ。税理士に作成を依頼することも多い。
税務調査 ぜいむちょうさ	会社が行った税務申告に誤りや嘘がないか、税務調査官が調べること。
税理士 ぜいりし	税務書類の作成や税金の申告などを行う税務のスペシャリスト。会計業務を行うこともある。
そ 総勘定元帳 そうかんじょうもとちょう	取引を勘定科目ごとに集計した帳簿。仕訳帳にある各取引を、総勘定元帳の該当する箇所（勘定口座）に転記していくことで作成する。
損益計算書 そんえきけいさんしょ	P／L。1年間の収益・費用・純利益をまとめたもの。会社の経営成績を表す。

	損金 <small>そんきん</small>	法人税の計算時に費用を指す言葉。法人税の対象にならない。
た	貸借対照表 <small>たいしゃくたいしょうひょう</small>	B／S（バランスシート）。決算日時点での会社の資産・負債・純資産をひとつの表にまとめたもの。会社の財政状態を表す。
	代表取締役 <small>だいひょうとりしまりやく</small>	取締役会のメンバーのなかから選ばれた代表者。社長や会長がなることが多い。会社を代表して契約したり発言したりできる。
	棚卸資産 <small>たなおろししさん</small>	決算時に、倉庫などに保管されている商品や原材料、製造途中の半製品などのこと。
	単式簿記 <small>たんしきぼき</small>	1回の取引を1つの項目で表す方法。代表例は家計簿。
ち	帳簿価額 <small>ちょうぼかがく</small>	帳簿に記載されている、資産の取得額。取得のためにかかった費用（運搬費、特定の税金など）も含む。簿価ともいう。
て	手形 <small>てがた</small>	銀行に支払業務を委託する有価証券の一種。受け取った手形は、振出人が指定した支払期日に現金化される。
	手付金 <small>てつけきん</small>	契約時に代金の一部を先に支払うこと。支払ったあとに手付金を放棄することで、一方的に契約を破棄することができる。
	伝票 <small>でんぴょう</small>	仕訳した取引内容を記入する紙。
と	当座預金 <small>とうざよきん</small>	手形や小切手の代金を決済するために使う預金口座。利息は付かない。
	取締役 <small>とりしまりやく</small>	会社の経営方針を決定する、取締役会のメンバー。
	取引 <small>とりひき</small>	会社の活動にともなう、一つひとつのお金やものの出入り。
に	入金伝票 <small>にゅうきんでんぴょう</small>	三伝票制で使う伝票。借方の勘定科目が現金になる入金取引のときに使う。
ね	年次決算 <small>ねんじけっさん</small>	主に社外の利害関係者（株主、国、金融機関、取引先など）に会社の財政状態と経営成績を報告することが目的で行われる。
	年末調整 <small>ねんまつちょうせい</small>	1年が終わる段階で正確な所得税額を求め、払いすぎや不足していた所得税を調整すること。
は	販売費及び一般管理費 <small>はんばいひおよびいっぱんかんりひ</small>	企業の日常業務でかかったお金や収益を得るために発生した費用のうち売上原価以外のもの。販管費ともいう。
ひ	引当金 <small>ひきあてきん</small>	将来の費用または損失の発生に備えて、貸借対照表上に計上される勘定のこと。評価性引当金と負債性引当金の2種類に分けられる。
	費用 <small>ひよう</small>	会社が収益を獲得するために使ったさまざまな出費。売上原価や販売費及び一般管理費、営業外費用、特別損失に分けられる。
	評価替え <small>ひょうかがえ</small>	帳簿価額を期末時点の時価に修正すること。帳簿価額と時価との差が発生した場合は、有価証券評価損・有価証券評価益で処理する。
	標準報酬月額 <small>ひょうじゅんほうしゅうげつがく</small>	社会保険の納付額や年金受給額を決める計算のもととなる、給与額を区切りのよい金額の幅で区分けしたもの。

232

費用の繰延べ（ひようのくりのべ）	支払った費用に来期分が含まれている場合、その部分を取り除くこと。「前払費用」の勘定科目を使う。
費用の見越し（ひようのみこし）	当期に属する費用だが、まだ支払いをしていないものについて、その分を計上すること。「未払費用」の勘定科目を使う。
ふ 複式簿記（ふくしきぼき）	1つの取引を2つの側面から記録する方法。
負債（ふさい）	銀行からの借入金など、返済の義務をともなうもの。いわば会社の借金。流動負債と固定負債とに分けられる。
振替伝票（ふりかえでんぴょう）	三伝票制で使う伝票。どんな取引でも使える。
振り出し（ふりだし）	小切手や手形を作成し、相手に渡すこと。
不渡り（ふわたり）	期日に支払人の当座預金残高が不足しているため、手形が決済されないこと。大きく信用を損ねる。
ほ 法定耐用年数（ほうていたいようねんすう）	法律で定められた、固定資産の耐用年数。
法定調書合計表（ほうていちょうしょごうけいひょう）	所得税法などによって、税務署への提出が義務づけられている書類。給与所得の源泉徴収票合計表などで構成されている。
法定福利費（ほうていふくりひ）	法律によって会社が負担することが定められている社会保険料。健康保険料、厚生年金保険料、雇用保険料など。
簿記（ぼき）	会社の活動にともなう、お金やものの出入りを記録するための方法。
や 約束手形（やくそくてがた）	振出人が受取人に対して、記載した金額を支払うことを約束した手形。
ゆ 有価証券（ゆうかしょうけん）	株式、国債、地方債、社債など、財産的価値のある証券や証書のこと。
り 利益剰余金（りえきじょうよきん）	企業活動で得た利益の蓄積分。
流動資産（りゅうどうしさん）	1年以内に現金に換えることができる資産。現金、預金、売掛金、受取手形など。
流動負債（りゅうどうふさい）	1年以内に返済すべき負債。短期借入金、買掛金、前受金など。
ろ 労災（ろうさい）	正式名称は、労働者災害補償保険。仕事中または通勤中のできごとに原因がある、ケガや病気、死亡などに対して給付される保険。
労使協定（ろうしきょうてい）	労働者と雇用主との間の取り決め。労働者の過半数が参加する労働組合か労働者の過半数を代表する人と、書面で取り交わした協定。
労働保険（ろうどうほけん）	労災保険と雇用保険をまとめて呼ぶときの名称。保険料は労働局などに納付する。
わ 割戻（わりもどし）	一度にたくさんの商品を仕入れた場合に、代金の一部を戻してもらうこと。リベートともいう。

INDEX（50音順）

※太い数字のページには意味や解説を、
　細いページには使用例などを掲載しています。

あ

預り金（勘定科目）…　**32**、155、169

粗利 ……………………　**150**、200

い

e-Tax ………………………　180

委託販売 ……………………　116

一括償却資産 ………………　136

一般管理費 …………………　68

う

受入基準 ……………………　100

受取手形（勘定科目）………　31

受取利息（勘定科目）………　37

内金 …………………………　122

裏書（手形の）………………　64

売上 …………………………　106

売上（勘定科目）……………　37

売上計上の基準 ……………　**106**

売上原価 ………　34、**150**、200

売上総利益 …………………　150

売上高 ………………　34、**150**

売上割引 ……………………　120

売掛金 ………………………　108

売掛金回収予定表 …………　109

売掛金管理 …………………　108

売掛金残高 …………　**150**、194

売掛金の消し込み ………　109、**150**

売掛金元帳 …………　**106**、111

え

営業外収益 …………………　34

営業外費用 …………………　34

か

買掛金 ………………………　102

買掛金管理 …………………　102

買掛金支払予定表 …………　103

買掛金の消し込み …………　102

買掛金元帳 …………　**102**、105

会議費（勘定科目）……　36、75、**76**

会計監査 ……………………　**223**

会計期間 ……………………　**228**

介護保険 ……………………　170

回収基準 ……………………　106

外注費（勘定科目）…………　36

角印（社印）…………………　22

確定申告 ……………………　**187**

掛け …………………………　102

貸方 …………………………　28、38

貸し倒れ ……………………　**202**

貸倒引当金 …………　32、**202**

割賦販売 ……………………　116

株主資本等変動計算書 …　190、**211**

234

株主総会 …………………… 208

借入金（勘定科目）………… 32

仮受消費税（勘定科目）……… 204

借方 …………………… 28、38

仮払金（勘定科目）………… 31、96

仮払消費税（勘定科目）……… 204

仮払いの精算 …………… 96

為替手形 …………………… 62

勘定科目 …………………… 26

間接法（減価償却）………… 142

管理会計 …………………… 214

き

企業会計原則 …………… 190、229

寄附金（勘定科目）………… 36、87

期末精算表 ……………… 206

給与 ……………………… 162

給与規程 ………………… 164

給与計算 ………………… 162

給与手当（勘定科目）…… 35、169

給与明細 ………………… 165

銀行印（銀行届出印）……… 22

金種表 …………………… 52、54

く

繰越商品（勘定科目）……… 150

け

契印 ……………………… 22

計上 ……………………… 229

計上基準 ………………… 100

経費 ……………………… 68

経理 ……………………… 10

決算書 ……………… 24、190、208

決算整理 ………… 158、190、192

月次決算 ………………… 148

月次配賦 ………………… 152

月次配賦表 ……………… 155

減価償却 ………… 134、138、196

減価償却資産 …………… 138

減価償却費（勘定科目）

…………………… 35、138、142

減価償却累計額（勘定科目）

…………………… 32、142

現金（勘定科目）………… 31

現金実査 ………………… 54

現金出納帳 ……………… 66

健康保険 ………………… 170

検収基準 ………………… 100、106

源泉所得税 ……………… 174、180

源泉徴収 ………………… 92、174

源泉徴収税額表 ………… 174

源泉徴収簿 ……………… 182

現物管理 ………………… 130

こ

合計残高試算表 ………… 157、190

合計試算表 ……………… 156

235

広告宣伝費（勘定科目） … 35、**91**

交際費（勘定科目） …… 36、**74**、77

控除 ……………………………… **164**

厚生年金保険 ………………… **170**

公認会計士 …………………… **215**

小切手 …………………………… **60**

小口現金 ………………………… **52**

小口現金（勘定科目） ………… **31**

小口現金出納帳 …… 18、52、**54**

固定資産 ……………… 30、71、**130**

固定資産除却損（勘定科目）

…………………………… 36、**144**

固定資産税 …………………… **137**

固定資産台帳 ………………… **131**

固定資産売却益・売却損（勘定科目）

………………………… 36、37、**144**

固定的項目（給与） ……… 165、**166**

固定負債 ………………………… **30**

個別注記表 …………………… **190**

雇用保険 ………………… **170**、173

さ

在庫管理 ……………………… **102**

財務 …………………………… **214**

財務諸表 ……………………… **208**

差引給与額 …………………… **164**

雑収入（勘定科目） …… 37、**194**

雑損失（勘定科目） ……… 36、**194**

雑費（勘定科目） …………… 36、**88**

残業手当 ……………………… **168**

残高試算表 …………………… **157**

残高証明書 …………… 192、**194**

三伝票制 ……………………… **46**

し

仕入（勘定科目） ……………… **35**

仕入業務 ……………………… **100**

仕入計上の基準 ……………… **100**

仕入割引 ……………………… **120**

資産 …………………………… 27、**30**

試算表 ………………………… **156**

実地棚卸 ……………… 192、**200**

支払基準 ……………………… **100**

支払調書 ……………………… **92**

支払手数料（勘定科目） … 36、**89**

支払報酬（勘定科目） ………… **36**

支払保険料（勘定科目） ……… **83**

支払利息（勘定科目） ………… **36**

資本金 ………………………… 27、**30**

資本金（勘定科目） …………… **33**

資本剰余金 …………………… **30**

事務用品費（勘定科目） … 35、**69**

社会保険 ……………………… **170**

社会保険料

………… 165、170、**172**、176、180

車両費（勘定科目） ………… 36、**88**

収益 …………………… 27、**34**	精算表 ……………………… 158、**206**
収益の繰延べ ……………… **198**	税抜処理 ……………… 135、**205**
収益の見越し ……………… **198**	税務 ……………………………… **214**
従業員立替経費 …………… **94**	税務申告 ……………… 180、**212**
修繕費（勘定科目）………… 35、**82**	税務調査 ……………………… **223**
収入印紙 ……………………… **115**	税理士 ………………………… **215**
住民税	積送品 ………………………… **116**
…………… 165、**174**、176、180、204	**そ**
取材費（勘定科目）………… **75**	総勘定元帳
出荷基準 ……………… 100、**106**	…………… 18、46、**124**、126、156
出金伝票 ……………………… **46**	租税公課（勘定科目）…… 35、**84**
取得価額 ……………………… **134**	損益計算書 ………… 25、159、**210**
純資産 ………………… 27、**30**	損金 …………………………… **134**
少額減価償却資産の特例 …… **136**	**た**
消費税 ………………………… **204**	貸借対照表 ………… 25、159、**209**
消耗品（勘定科目）………… **32**	退職金 ………………………… **178**
消耗品費（勘定科目）…… 35、**70**	退職所得申告書 …………… **178**
賞与 …………………………… **176**	代表印（実印）……………… **22**
諸会費（勘定科目）………… 36、**87**	立替金（勘定科目）………… **31**、122
諸口 …………………………… **124**	棚卸資産 ……………… 192、**200**
所得税 ………………… 165、**174**	単一仕訳 ……………………… **50**
仕訳 …………………… 18、28、**38**	単式簿記 ……………………… **28**
仕訳帳 ………………… 18、46、**124**	**ち**
新聞図書費（勘定科目）… 36、**86**	地代家賃（勘定科目）…… 35、81、**86**
せ	長期前払費用 ………………… **199**
請求書 ………………………… **112**	帳簿 …………………………… **18**
税込処理 ……………… 135、**205**	帳簿価額 ……………… **144**、196

237

直接法（減価償却） ………… **142**

貯蔵品（勘定科目）………… **31**、**69**

賃借料（勘定科目）…………… **80**

つ

通勤交通費（勘定科目）… **35**、**72**

通信費（勘定科目）………… **35**、**79**

て

定額法 ……………………… **138**

低価法 ……………………… **201**

定期積金 …………………… **56**

定期預金 …………………… **56**

訂正印 ……………………… **22**

訂正処理（仕訳の）………… **95**

定率法 ……………………… **138**

手形 ………………………… **62**

手付金 ……………………… **122**

伝票 ………………………… **18**、**46**

と

当座預金 …………………… **56**、**60**

投資その他の資産 ………… **130**

特別損失 …………………… **34**

特別利益 …………………… **34**

取引 ………………………… **26**

に

荷造運賃（勘定科目）… **35**、**79**、**90**

日商簿記検定 ……………… **219**

入金伝票 …………………… **46**

ね

値引 ………………………… **118**

年次決算 …………………… **190**

年度更新（労働保険の）……… **180**

年末調整 ………………… **182**、**187**

は

反対仕訳 …………………… **118**

販売手数料 ………………… **89**

販売費 ……………………… **68**

販売費及び一般管理費 … **34**、**68**

ひ

非課税項目（給与の） ……… **167**

引当金 ……………………… **202**

費用 ………………………… **27**、**34**

評価替え …………………… **196**

標準賞与額 ………………… **176**

標準報酬月額 ……………… **172**

費用の繰延べ ……………… **198**

費用の見越し ……………… **198**

ふ

ファームバンキング ………… **58**

複合仕訳 …………………… **50**

複式簿記 …………………… **28**

福利厚生費（勘定科目）… **35**、**78**

負債 ………………………… **27**、**30**

附属明細書 ………………… **190**

普通預金 …………………… **56**

復興特別税 ……………………… 188

振替伝票 ……………… 46、50、102

振り出し ……………………… 60

不渡り（手形の） ………… 56、64

へ

変動的項目（給与） ……… 165、166

返品 ……………………… 118

ほ

法人住民税 ……………………… 204

法人税 ……………………… 204

法定耐用年数 ……………… 138

法定調書合計表 ……………… 92

法定福利費（勘定科目） ……… 35

簿記 ……………………… 24

簿記検定 ……………………… 219

ま

マイナンバー制度 ……………… 146

前受金（勘定科目） ……… 32、122

前受収益（勘定科目） …… 32、198

前払金（勘定科目） ……… 31、122

前払費用（勘定科目） …… 31、198

み

未払金（勘定科目） ……………… 32

未払費用（勘定科目） ………… 32

未払法人税等（勘定科目） …… 32

む

無形固定資産 ……………… 130

や

約束手形 ……………………… 62

ゆ

有価証券 ……………… 60、196

有形固定資産 ……………… 130

よ

預金出納帳 ……………………… 58

り

リース料（勘定科目） ……… 36、81

利益剰余金 ……………………… 30

流動資産 ……………………… 30

流動負債 ……………………… 30

領収書 ……………………… 114

旅費交通費（勘定科目） … 35、72

ろ

労働者災害補償保険 ……… 170

労働保険 ……………………… 180

労働保険料 ……………… 154、181

労務 ……………… 162、214

わ

割印 ……………………… 22

割引（手形の） ……………… 64

割引（値段の） ……………… 120

割増賃金 ……………… 166、168

割戻（リベート） ……………… 120

●著者紹介

ジャスネットコミュニケーションズ株式会社

1996 年に公認会計士が設立した、会計、税務、経理・財務に特化したプロフェッショナル・エージェンシー。公認会計士、税理士、経理パーソンを中心に、人材紹介・派遣サービス、実務教育サービスなどを提供している。特に、実務教育サービス「経理実務の学校」では、経済産業省の「経理・財務サービス スキルスタンダード」に準拠した講座やセミナーを提供。実務担当者を中心に支持を集め、国内外を問わず利用者が増えている。主な企画・著作書籍に『「経理・財務」実務マニュアル（上・下）』『派遣社員のための経理の教室』（ともに税務経理協会）がある。
HP：http://edu.jusnet.co.jp/

●イラスト───── 坂木浩子
●デザイン ───── FANTAGRAPH（河南祐介、焼田千裕、新藤雅也、塚本望来）
●執筆協力 ───── 平 行男
●校正協力 ───── 有限会社玄冬書林
●編集協力 ───── 株式会社童夢

オールカラー　一番わかる！　経理の教科書

2015 年 11 月 30 日発行　第 1 版
2010 年 7 月 20 日発行　第 2 版　第 1 刷

●著　者 ───── ジャスネットコミュニケーションズ株式会社
●発行者 ───── 若松 和紀
●発行所 ───── 株式会社西東社

〒113-0034 東京都文京区湯島 2-3-13
営業部：TEL（03）5800-3120　　FAX（03）5800-3128
編集部：TEL（03）5800-3121　　FAX（03）5800-3125
URL：http://www.seitosha.co.jp/

本書の内容の一部あるいは全部を無断でコピー、データファイル化することは、法律で認められた場合をのぞき、著作者及び出版社の権利を侵害することになります。
第三者による電子データ化、電子書籍化はいかなる場合も認められておりません。
落丁・乱丁本は、小社「営業部」宛にご送付ください。送料小社負担にて、お取替えいたします。
ISBN978-4-7916-2330-3